Kölsch für Anfänger

Langenscheidt

Langenscheidt
Kölsch für Anfänger

Autor: Bastian Campmann; Mitarbeit: Jens Knöttgen
Lektorin: Marianne Bongartz
Projektleitung: Andrea Freier
Redaktion: Claudia Renner
Layout: Volk Agentur + Verlag, München
Illustrationen Innenteil: Martin Zak
Corporate Design Umschlag: KW43 BRANDDESIGN, Düsseldorf
Umschlaggestaltung: Volk Agentur + Verlag, München

Bildnachweis:
Alle Bilder aus Shutterstock

Bildnachweis
Bierdeckel: Thinkstock / seewhatmitchsee
Hopfen: Thinkstock / Epifantsev
Skyline: Thinkstock / YuliaBuchatskaya
Tischplatte mit Tuch: iStock / MarianVejcik
Rhein mit Dom: Thinkstock / Meinzahn

www.langenscheidt.com

1. Auflage 2018 (1,02 - 2021)

Satz: Volk Agentur + Verlag, München
Druck und Bindung: Publikum d.o.o.

ISBN 978-3-12-563082-6

Inhalt

Vorwort

Wohl kaum eine Stadt definiert sich so sehr über ihre Sprache wie Köln. In nahezu allen Lebensbereichen ist – auch heute noch – der Dialekt zu hören. Lebendig bleibt das Kölsch durch eine einzigartige Vielfalt an Liedern in Mundart, die nicht nur im Karneval gesungen werden.
Selbst wenn die Zahl der Menschen schwindet, die unverfälschtes Kölsch sprechen, die Liebe zum rheinischen Singsang bleibt – und erlebt in den letzten Jahren eine Renaissance. War es früher verpönt, Kölsch „ze schwaade" (zu sprechen), interessieren sich aktuell sogar immer mehr junge Menschen wieder für ihren Dialekt. Es besteht also Hoffnung, dass auch in einer völlig vernetzten, globalisierten Welt die kölsche Sprache überdauert.
Eine Sprache, die mal derb, mal niedlich und mal hemdsärmelig-herzlich das Wesen der Menschen widerspiegelt. Wer in die Stadt zieht, wird schnell das Verbindende des Kölschen kennenlernen. Versuchen Sie es selbst! Im Brauhaus geht das ganz leicht: Bestellen Sie beim Kellner, der hier „Köbes" heißt, einen „Halve Hahn" oder „Himmel un Ääd", und wenn zu später Stunde gesungen wird, stimmen Sie einfach mit ein. „Kölsch es e Jeföhl (Gefühl)!"
Obwohl ich in Köln geboren bin, musste ich mich mit meiner Band Kasalla erst in die Tiefen der Sprache einfinden. Und ich lerne immer noch dazu. Denn Kölsch bewahrt trotz aller Bemühungen um einheitliche Regeln einen anarchischen Zug, von „Veedel" zu „Veedel" (Stadtviertel) variieren Begriffe und Aussprache. Ganz zu schweigen von

den Schreibweisen. Darüber gibt es herrliche Auseinandersetzungen zwischen verschiedenen Institutionen. Dieses Buch erhebt daher keinerlei Anspruch auf sprachwissenschaftliche Genauigkeit. Es ist eine Sammlung von Begriffen und Sprüchen, die für mich subjektiv den Reiz des Kölschen ausmachen. Und die Lektüre soll vor allem Spaß machen!

Ihr Bastian Campmann

Kapitel 1

1 x 1 des Kölschen

Et Kölsche Jrundjesetz

§1 Et es, wie et es.	*Mach dir nichts vor.*
§2 Et kütt, wie et kütt.	*Was passieren soll, wird passieren!*
§3 Et hätt noch immer jot jejange.	*Bisher hat doch immer alles geklappt.*
§4 Wat fott es, es fott.	*Sieh nicht zurück, wein den Dingen nicht nach.*
§5 Et bliev nix, wie et wor.	*Hab keine Angst vor Veränderungen.*
§6 Kenne mer nit, bruche mer nit, fott domet.	*Prüfe Neuerungen kritisch auf ihren Sinn.*
§7 Wat wellste maache?	*Gegen das Schicksal kannst du nichts machen. Ertrage es!*

§8 Mach et jot, ävver nit ze off!	*Tu etwas für deine Gesundheit, aber übertreib es auch nicht.*
§9 Wat soll dä Quatsch?	*Was soll der Quatsch? Das ist die universelle Sinnfrage.*
§10 Drinkste eine met?	*Sei stets gastfreundlich und zeige den Menschen, dass du gesellig bist.*
§11 Do laachste dich kapott.	*Lachen ist die ultimative Überlebensstrategie.*

adjüs

Leb wohl! „Adieu" und „Tschüss" in einem Wort vereint, wird aber eher bei weniger freundlichen Abschieden benutzt. „Adjüs, Partie" wird auch verlorenen oder zerbrochenen Dingen hinterher gerufen.

„am tuen" – die rheinische Verlaufsform

*Im Hochdeutschen – neuerdings Standarddeutsch gerufen – würde die Arbeit in einer Kneipe sicher wie folgt beschrieben: „Der Wirt zapft ein Bier." Nicht so in Köln! Hier heißt es: **„Dä Köbes es e Kölsch am zappe."** Das verleiht dem majestätischen Akt doch viel mehr Gewicht. Er ist „am" tun. Die rheinische Verlaufsform ist in Köln so normal, dass auch höchste Stellen sie in offiziellen Verlautbarungen nutzen: „Das Bauamt ist die Straße am reparieren ..."*

Arangschemang

Vereinbarung, nicht unbedingt etwas Wichtiges. Manchmal vereinbart man auch schlicht ein Treffen in der Kneipe.

Äschermettwoch

Aschermittwoch ist der Tag, ab dem der „Jeck“ (siehe S. 26) wieder normal sein muss – zumindest öffentlich und offiziell. Auf den Tisch kommt nach den meist fettigen und alkoholreichen Karnevalstagen Fisch. Am Aschermittwoch beginnt nämlich die fleisch- und alkoholfreie Fastenzeit – man kann sich ja nicht früh genug für die nächste „Fünfte Jahreszeit“ fit machen.

Baas

Chef, Vorgesetzter oder Präsident von irgendwas, oftmals von Vereinen oder Vereinigungen. Prinzipiell immer einer, der etwas zu sagen hat.

Bajaasch

Im wörtlichen Sinn bedeutet es Gepäck (frz. *bagage*), aber meist sind nicht nur die Koffer, sondern auch die Mitreisenden oder die Familie gemeint – und das eher hemdsärmelig als herzlich. „Do kütt widder dä Jupp met dä janze Bajaasch!“ (Josef rückt natürlich wieder mit der ganzen Familie an.)

Balbutz

Wer noch Haare und keine „Plaat“ (Glatze) hat, ist hier gern gesehener Kunde: der Friseur.

Baselmanes
Übertriebenes Getue, aufgesetztes Gehabe. Der Ausdruck wird auch benutzt, wenn jemand um den heißen Brei redet und nicht zur Sache kommt. „Maach nit su vill Baselmanes, Botter bei de Fesch!" Heißt so viel wie: „Hör auf rumzueiern und komm zur Sache!"

Bejing
Ne! Hat nichts mit der Hauptstadt Chinas zu tun, sondern ist eine immer noch gängige Bezeichnung für eine Nonne. Freundschaftliche, absolut unerotische Wangen- oder Stirnküsse werden daher auch „Bejingebützje", also Nonnenküsschen, genannt.

bläck
Nackt, völlig blank. Das Wort sorgte in Restdeutschland durch die Mutter aller Kölner Musikgruppen, die Bläck Fööss, für Irritation. Die haben doch gar keine schwarzen Füße. Richtig! Aber die Band ging in den Anfangsjahren mit nackten Füßen auf die Bühne.

bleche Botz
Mit der „Hose aus Blech" ist der Knast, das Gefängnis gemeint. „Du küss (kommst) en de bleche Botz!" – So droht man in Köln ungezogenen Kindern.

Bökes
Notorischer Schreihals, der die ruhigen Töne eher nicht kennt. Da hilft oft nur die Aufforderung, einfach den Rand zu halten: „Du Bökes, halt de Schnüss (den Mund)!“

Brassel
Arbeit, in der Regel komplizierte bzw. stressige, oder Probleme, meist handwerklicher oder zwischenmenschlicher Natur. „Ich han Brassel“ bedeutet: „Ich habe ein Problem. Ich weiß noch nicht, wie ich es lösen kann oder ob ich es überhaupt lösen will.“ – „Ich ben am brassele“ will einfach sagen, ich bin beschäftigt und möchte am liebsten in Ruhe gelassen werden.

Britz
Bretterzaun. „Hinger der Britz“ meint auch „hinter den Kulissen“. Im altehrwürdigen Hänneschen-Theater nämlich agieren die Puppenspieler ungesehen vom Publikum hinter einer mannshohen Wand. Kann also neudeutsch mit „Backstage“ übersetzt werden.

bubbele
Liebevolle Bezeichnung für schnelles, nicht immer tiefsinniges, belangloses Plappern. Gerne an Theken oder in der Bahn.

Büggel
Beutel, Tasche. Wie so viele Begriffe ist auch „Büggel" mehrdeutig. „Ich han nix mih em Büggel" heißt, ich bin pleite. Und ein „ahler Büggel" ist – wohl inspiriert von der schwindenden Spannkraft alternder Haut – ein alter Sack, ein unattraktives Mannsbild.

Buhei
Getue, übertriebenes Aufsehen um eine Sache oder Person. Wäre Shakespeare kein William, sondern ein kölscher Willi gewesen, würde „Viel Lärm um nichts" einfach „Vill Buhei öm nix" heißen.

Dä, die und dat – der betonte Artikel
„Dä Typ hät mich jeschlage!" *(Der Typ war es, der mich geschlagen hat.) – Die lauten Geschwister von* ***„der"/„d'r"***, ***„de"*** *und* ***„et"*** *werden immer benutzt, wenn ein einfacher Artikel nicht ausreicht und betont werden muss:* ***„Dat dat dat darf!"*** *(Dass das Mädchen das darf).*

Bütt
Nicht nur die Wanne im Badezimmer, sondern auch das Rednerpult im Karneval. Macht Sinn, denn in beidem kann man ordentlich baden gehen.

Dä Kölsche säht – Der Kölner meint

Wat es?	*Gibt es ein Problem? Kann ich helfen?*
Loss dich ens dröcke!	*Komm, lass dich in den Arm nehmen!*
Stell dich nit esu aan!	*So schlimm wird es schon nicht sein.*
Jeiht et noch?	*Was bitte soll das? Reiß dich zusammen!*
Wenn du et sähs, Jung.	*Was du sagst, interessiert mich überhaupt nicht.*
Loss se schwade!	*Kümmere dich nicht um ihr Gerede!*
Do krisste en Aap!	*Da könnte ich ausrasten.*
Schriev dir en Mark an!	*So toll ist das nicht, was du gemacht hast.*

Dillendopp

Kreisel, aber auch ein lebhaftes Kind. Lehrer würden hyperaktiv sagen. Eltern oder Großeltern hingegen beschreiben ihren Zappelphilipp liebevoll mit der verkleinerten Form „Dillendöppche". „Et Bärbelche es e janz schön Dillendöppche!"

Dingskirchen

Generalausdruck für den Arsch der Welt. Wer den Ortsnamen nicht kennt, fährt immer zielgenau nach „Dingskirchen". Der Einfachheit halber gilt das auch für unbekannte Personen. „Et Marie es doch jetz met dem Dingenskirchen do zesamme."

Ditzje

Kosewort für einen Säugling. „Ne, wat es dat für e lecker Ditzje", dieses Kompliment hört jede junge Mutter gern. Aber Obacht, als „jecke Ditz" wird eine verrückte Person abgestempelt. Ist in der Regel aber nicht böse gemeint.

doll

Toll, super. Der Begriff wird aber selten als Lob benutzt, sondern vielmehr im Sinne von verrückt oder übermütig. Für den besonders im Karneval gültigen Gesamtzustand der Stadt wird der Superlativ angesetzt: „Janz Kölle es raderdoll!"

d'r Dom
Der Kölner Dom, das bis zum Gehtnichtmehr besungene und beschriebene Wahrzeichen der Stadt, ist die dritthöchste Kirche der Welt und trotz nimmer endender Flickereien am maroden Mauerwerk auch objektiv ein eindrucksvolles ‚Gerät'. Nicht zu Unrecht knipsen jedes Jahr gut sechs Millionen Touris den Dom. Es hat aber auch lange genug gedauert, bis er fertig war: knapp 632 Jahre.

Dreigesteen
Als Dreigestirn werden die Regenten des närrischen Volkes in der Karnevalszeit bezeichnet. Prinz, Bauer und Jungfrau, die aber auch ein Kerl ist, müssen ein kleines Vermögen aufbringen, um sich den jecken Lebenstraum zu erfüllen.

dun
Tun, machen, arbeiten. In der Befehlsform auch geben und damit ein lebensnotwendiger Imperativ an der Theke: „Dun mer ens e Kölsch!" (Gib mir mal ein Kölsch!)

erusklamüsere
Herausfinden, ermitteln. Meist im Zusammenhang mit kleinteiligen Aufgaben benutzt. „Ich muss noch de Woozel us (Wurzel aus) 36 erusklamüsere."

etepetäte
Übertrieben wählerisch, pingelig. Eine Eigenschaft, die in Köln nicht besonders gut ankommt. Denn kleinlich sollte man in der Stadt bei vielen Alltagsdingen gerade nicht sein, z. B. beim Bau der Nord-Süd-Stadtbahn, der etwa acht Jahre Verzug hat. Sich darüber aufzuregen wäre wirklich kleinlich: „Wat sin dann schon aach Johr? Du bes jo etepetäte!“

exküseere
Entschuldigen. Einer der zahlreichen Versuche, das vornehme Benehmen der französischen Besatzer im 18. Jahrhundert zu imitieren. So wurde aus *„Excusez-moi!“* (Entschuldigen Sie mich) eben „exküseere“.

explizeere
Erklären, auseinandersetzen, allerdings eher im Sinne von rechthaberisch als seelsorgerisch. Die Ansage: „Ich explizeer dir jetz ens (jetzt einmal) de Situation“, ist also durchaus mehr Drohung als Hilfsangebot. Am besten einfach nicken.

Fastelovend
Karneval bzw. Fasching, auch „Fasteleer“ genannt. In Köln ist es in jedem Sinne wirklich eine „Fünfte Jahreszeit“, denn Regeln – egal ob politisch, sozial oder manchmal auch biologisch – gelten nicht. In der heißen Phase zwischen Weiberfastnacht und Aschermittwoch gönnen sich manche „Jecke“ weniger als eine Mütze Schlaf – und

sehen dann auch so aus. Und auch die vom Rest der Republik gern geäußerten Vorurteile, der Karneval wäre nur ein Vorwand, um sich eine Woche lang zu betrinken und sich „Fisternöllche“ (siehe S. 78) hinzugeben, sind nicht ganz unbegründet. Trotz alledem, der „Fastelovend“ ist ein Herzstück der kölschen Seele.

Fazung

Fassung. Nicht die der Glühbirne, sondern die emotionale. Aus dieser ist der Kölner eigentlich nur selten zu bringen. „Mich bringk nix us de Fazung.“ Kommt von Französisch *façon*.

Fetz

Ein Junge, der es faustdick hinter den Ohren hat und durchaus auf dem Weg ist, mal ein veritabler Halbstarker zu werden, ist ein „Fetz“ oder „Fant“. Liebe Jungs heißen eher „Bov“.

Fiduuz

Bock auf etwas haben. Also auf keinen Fall auf Arbeit. „Dä Möll (Müll) rungerbringe? Oh ne! Do han ich jetz jar kein Fiduuz drop!“

fies

Klingt ziemlich hochdeutsch, ist es aber nur im Sinne von „ekelhaft“ oder „widerlich“. Sagt man aber: „Da han ich mich ärch fies drüvver jefreut“, dann freut man sich ganz außerordentlich.

fimschich
Sehr zarte Pflänzchen sowie Prinzessinen (und auch Prinzen) auf der Erbse sind „fimschich", also mimosenhaft. „Sei nit esu fimschich" bedeutet: „Stell dich nicht so an!" Auch hier heißt es aber Obacht! Wenn im Obstladen jemand sagt: „De Zitrone sin fimschich", sind die vitaminreichen Südfrüchte nicht etwa besonders zart, sie sind dann schlichtweg vergammelt. Ja, es ist kompliziert!

Firkeskrom
Unanständiges, Anstößiges. In Köln wird aber auch das verniedlicht, denn „Firkeskrom" heißt wörtlich „Ferkelskram". Ausgewachsenen Schweinskram gibt's nicht.

Fisematente
Ausflüchte, Getue. „Maach kein Fisematente" heißt: „Mach kein Theater!" Aber ehrlich: Weniger die Bedeutung des Wortes als seine angebliche Herkunft sind eine Geschichte für dieses Buch. Laut Volksmund stammt der Begriff aus der Zeit, als die Franzosen die Stadt besetzten. Zitierte der Kommandant einen Soldaten herbei, so ordnete er an: „Visitez ma tente!" (Besuchen Sie mein Zelt!) Die gängigere Erklärung lautet allerdings, so hätten die Besatzer die holde Kölner Weiblichkeit zu einem Tête-à-Tête aufgefordert. Aber auch diese ist wohl der kölschen Fantasie entsprungen. Ursprünglich geht das Wort aufs Lateinische zurück und wurde in der mittelalterlichen Amtssprache verwendet. Aber wer will das schon so genau wissen?

Flaaskopp
Mal ein Wort mit einer einfachen, klaren Bedeutung, und nur einer: „Blondschopf“.

Flöpp
Etwas, das seit einigen Jahren aus Kölner Kneipen verbannt wurde, die Zigarette. Wer sich eine anmacht, geht „ein flöppe“ – wegen des Rauchverbots meist vor der Tür der „Kaschemm“ (Kneipe). Gerne in Rudeln.

fluppe
Nein, hier geht es nicht um Zigaretten. Wenn „et flupp“, dann klappt es einfach. Übersetzt in „Jugendsprech“ 2018: „Läuft bei dir!“

Fott
Freundlich und anerkennend für Hinterteil, vor allem in der Verkleinerungsform. „E lecker Föttche“ ist ein hübscher Po. Etwas anders ausgesprochen – mit ein wenig runderem „o“ – heißt es dann aber wieder gleich was ganz anderes, nämlich weg. „Bewääch ding Fott fott!“ (Beweg deinen A ... weg!)

Freese
Richtiger Widerling, Ekelpaket. Ein Typ, neben dem keiner gerne in der Bahn sitzen will. „Ich krije et Freese“ heißt dann entsprechend: „Ich ekel mich.“

Fuddelskrom
Die Dinge, die mit Wurstfingern nicht gut zu erledigen sind und die Nerven bis an ihre Grenzen bringen: Kleinkram, kniffliges Zeug.

fukakisch
Mit Druckstellen versehen, nicht mehr ganz frisch, verfault. Meistens bei Äpfeln und Birnen benutzt. „Der Appel es ald (schon) fukakisch." Ungehobelte Typen benutzen das Adjektiv auch für ihrer Meinung nach zu reife Damen. Pfui!

Fuss
Wörtlich ein Fuchs und davon abgeleitet ein Mensch mit roten Haaren. Das Adjektiv lautet „fussich".

Futzemann
Fürsorglicher, liebevoller Kosename für einen kleinen Jungen, ein Bürschchen eben. Aber auch gebräuchlich als Schimpfwort für Erwachsene, wenn es sich um absolute Angeber handelt. „Futz" bedeutet wörtlich übersetzt „Furz".

Futzkamesoll
Zwar ein urkölsches Wort, aber wer auf Kölns Haupteinkaufsmeile, der Hohe Straße, in die angesagten Klamottenläden geht, und nach einer „Futzkamesoll" fragt, wird eher fragende Blicke erhalten – oder im schlimmsten Fall Hausverbot. Dabei handelt es sich um nichts Unanständiges, sondern eine kurze Jacke.

NEULICH BEIM SCHNEEWITTCHE

Ein Fall für zwei – Genitiv und Akkusativ sind überbewertet

Der Kölner ist meist spendabel: Selten steht man lange in einer Kneipe, ohne – auch ungefragt – ein Kölsch in die Hand gedrückt zu bekommen. Aber bei der Grammatik, da wird er ***„karrig"*** *(geizig), vor allem wenn es um die vier Fälle geht. Der Genitiv zum Beispiel ist viel zu* ***„stiev-staats"*** *(piekfein):* ***„Kenne mer nit, bruche mer nit, fott domet."*** *(§ 6 Kölsche Jrundjesetz, siehe S. 8) Aus dem hochtrabenden „meines Vaters Schwester" wird im Kölschen schlicht* ***„mingem Pap sing Schwester"*** *(meinem Vater seine Schwester). Ähnliche Sparmaßnahmen ereilten den Akkusativ. Der entspricht im Kölschen einfach dem Nominativ:* ***„Dä Effzeh es jot am spelle"*** *(Der FC spielt gut) –* ***„Ich stonn op dä Effzeh"*** *(Ich stehe auf den FC).*

Grielächer

Ein notorischer Spaßmacher und Spötter. In der Schule der Klassenclown – kurz vor der Rente dann Harald Schmidt.

Hanak

Kleiner Gauner oder Spitzbube, aber kein wirklich krimineller Typ. Eher ein Schlingel oder Schelm, über den man sich amüsiert.

Hippelepipp

Lautmalerischer Ausdruck für eine nicht mehr wirklich taufrische Person, der das Laufen schwerfällt und die sich nur noch mit Trippelschritten fortbewegen kann.

Höffje

Klo, Toilette. Zu Omas Zeiten waren die Toiletten oftmals noch Plumpsklos in Bretterbuden, die draußen im Hof standen. Wer austreten musste, nutzte den schönen Code: „Ich jonn ens op et Höffje." (Ich geh mal eben ins Höfchen.)

höösch

Das seltene Tier der übertriebenen Eile ist in der Kölner Arbeitswelt nicht heimisch. Wer dennoch dazu neigt, Dinge schnell zu erledigen, der wird mit einem „Mach höösch!" entschleunigt. Wie sehr auf die Bremse getreten werden soll, verrät die Anzahl der „ö". „Mach hööööööösch, Jung!" Es kann aber auch leise bedeuten: „Sitt ens höösch!" (Seid mal leise!)

Höppemötzche
Beliebtes Hüpfspiel auf Schulhöfen. Machen natürlich nur Mädchen. Wenn die jungen Damen dann zu Hause weiter rumhüpfen, werden sie auch generell als „Höppemötzche" bezeichnet.

hück
Heute. In Köln der mit Abstand wichtigste Moment auf der Zeitachse. „Morje?" (Morgen?) Kommt von alleine. Darüber braucht also nicht weiter nachgedacht zu werden.

Imi
Ein Zugezogener, der in den Augen der Kölner selbstverständlich gerne einer der ihren sein möchte und sie daher „imitiert". Oftmals sind diese unechten Kölner den Traditionen der Stadt jedoch stärker verfallen, als mancher „echte" Kölsche. Vielleicht Überkompensation?

Jeck
Zentraler Begriff in Köln – nicht nur im Karneval, wo es Narr oder närrisch bedeutet. Im Alltag umschreibt es jede Art von Verschrobenheit oder Andersartigkeit. „Ne, wat ein Jeck!" Da man in Köln tolerant ist, lässt man selbstverständlich jeden seine Macken pflegen: „Jede Jeck es anders" und „Jecke sin och Minsche (Menschen)."

Jedöns

Meist sehr kleinliches, übertriebenes Getue. Oft mit unerwünschter Unruhe und Lautstärke verbunden. „Maach nit su e Jedöns!"

Jemölsch

Mischung oder Mischmasch. Eigentlich nur für das typische kulturelle oder soziale Gemisch von Menschen der Stadt benutzt. Der Soziologe würde wohl multikulti sagen.

Jeöschels

Eine klassische Nörgelei oder kindische Zänkerei. So versucht „it", also frau, dem Herzallerliebsten das verdiente Feierabendkölsch madig zu machen: „Es dat nüdig, dat du ald widder en de Kneip jeihs?" (Muss das sein, dass du schon wieder in die Kneipe gehst?)

Jerappels

Wenn es rappelt, ist es laut. Bezeichnung für alle Arten von Geräuschen, aber eher abwertend gemeint. Wenn der ältere Nachbar während der WG-Party zu fortgeschrittener Stunde an die Wand klopft und „Maht dat Jerappels us!" ruft, könnte es angebracht sein, die Lautstärke ein wenig zu reduzieren.

jiefele

Albernes Gekicher hinter vorgehaltener Hand. Gerne dann, wenn es gerade überhaupt nicht passt.

Jöck

Die eigentliche, aber irgendwie nahezu vergessene Bedeutung des Wortes ist Juckreiz: „Ich han de Jöck." Heute wird es fast ausschließlich im Sinne von „unterwegs sein" benutzt: „Ich ben op jöck." Auch als Verb im Einsatz: „Mer jöcke nohm Effzeh" (Wir sind unterwegs zum FC). „Loss jöcke!" ist übrigens die Aufforderung, endlich in die Gänge zu kommen.

Kääl

Kerl. Ein echtes kölsches Mannbild, im Idealfall mit „Schnurres" (siehe S. 46) und amtlich antrainierter Wampe. „Wat ene staatse (stattlicher) Kääl!"

Kabüffje

Kleines (Studenten-)Zimmer oder Abstellraum. Kostet im Zweifel in Köln trotzdem 600 Euro kalt im Monat: „Ding Bud (deine Bude) es ävver (aber) e Kabüffje."

Kaffepottsjold

Ein Begriff aus der Nachkriegszeit. Goldschmuck war noch seltener als unzerbombte Häuser oder Butter auf dem Brot. Aber ganz ohne Glanz sollte es dann doch nicht sein. Und so wurde Schmuck aus Messing oder Kupfer – dem Material, aus dem Kaffeekannen sind – getragen. „Kaffee-Topf-Gold" eben.

ES DAT NÜDIG, DAT DU ALD WIDDER EN DE KNEIP JEIHS?
IMMER DAT JEÖSCHELS!
ZAK

Käu
Mieses Null-Sterne-Essen, das noch nicht mal an Karneval als Absacker-Snack taugt. Passend dazu auch als „unwichtiges Geschwätz" verwendbar.

Klaaf
Schwätzchen oder Klatsch. „Häste dat jehürt (gehört)? De Frau Schmitz es jetz met däm Jupp (Josef) zesamme!"

Klävbotz
Der Typ, der mit der „Botz" (Hose) am Stuhl „ze kläve" (kleben) scheint. Der immer der Letzte ist und in der Kneipe auch dann noch ein Bier bestellen will, wenn um ihn herum bereits geputzt wird. „Kumm, dun mer noch ne Kleine. Dann ben ich wirklich fott!" (Komm, einen Kleinen noch. Dann geh ich wirklich!)

Klüngel
Korruption mit Charakter. Der Klüngel ist die kölsche Variante von „eine Hand wäscht die andere" bzw. „Ich mache dir ein Angebot, das du nicht ablehnen kannst." Neudeutsch heißt das Phänomen viel unverfänglicher „Networking". Ohne Klüngel geht in Köln fast nichts. Mit Klüngel geht in vielen Bereichen allerdings auch nicht viel mehr.

knaatsche
Weinen, heulen. Auch ein negativer Gemütszustand: „Ich ben hück jet (heute etwas) knaatschich".

Knabbüß
Das Holzgewehr der Kölner Funken, das zum Zeichen der friedlichen Absicht und als karnevalistische Persiflage des Militärs ein Blumensträußchen im Mündungsloch trägt. Wird beim Apell und dem Funkentanz präsentiert.

Kniesbüggel
Das wohl schlimmste Stigma, das einen in einer kölschen Kneipe ereilen kann: Ein „Kniesbüggel" (Geizhals) zu sein. Klarer Verstoß gegen §10 des Kölsche Jrundjesetz: „Drinkste eine met?" (siehe S. 9)

knüselig
Dreckig, unrein. Einfach genau das, wonach das Wort klingt. Ein Mensch, der notorisch Probleme mit Ordnung und Hygiene hat, ist ein „Knüsel".

kriesche
Weinen, heulen. Ernster und emotionaler als „knaatsche" (siehe S. 30). Wenn jemand „am kriesche es", braucht er definitiv eine Schulter zum Anlehnen. Der Kölner glaubt übrigens den Bläck Fööss und denkt: „Indianer kriesche nit."

Krom
Kram. Wird universell für alles benutzt, was es zu tragen, zu finden, zu suchen, zu erledigen oder zu umgehen gilt.

kruffe
Kriechen, sich kleinmachen. Besonders häufig in der unangenehmsten Gestalt anzutreffen, dem „Aasch-kruffer“.

kühme
Sich beschweren, die Welt beklagen. Trendsport an Wurst- und Kneipentheken.

Lamäng
Aus dem Stegreif etwas machen, aus dem Ärmel schütteln. Es kann, muss aber keineswegs bedeuten, dass etwas leicht fällt. Dass etwa die Planung zahlreicher Bauprojekte der Stadtoberen scheinbar „us der Lamäng“ geschehen ist, heißt noch lange nicht, dass ihre Umsetzung leicht von der Hand ging.

lamenteere
Geräuschvoll, oft auch übertrieben jammern und klagen. Gerne, um den eigenen Willen durchzusetzen. Etwa bei Männern der Wunsch, noch ein Stündchen länger in der Kneipe bleiben zu dürfen. Bei Frauen meist andersrum.

Lappührche
Das Finanzamt muss ja nicht immer wirklich alles wissen. Die Kollegen da haben ja auch schon so enorm viel zu tun. Daher erleichtert der Kölner die Arbeit der Beamten gern, indem er kleine Nebenbeschäftigungen, die „Lappührche“, nicht anmeldet. Um so einen kleinen

Gefallen unter Freunden sollte man nicht so ein Gewese machen.

löbbele
In kleinen, winzigen Schlucken trinken. Im Prinzip also immer dann, wenn man für eine Kölschstange mehr als zwei Schlucke braucht. Das Gegenteil von „jode Zoch am Jlas han" (guten Zug am Glas haben).

Lück
Leute, aber im weiteren Sinne Nachbarn, Kollegen, Freunde, Feinde. Einfach alle, die man (über sich) reden lässt. Und das Wichtigste wird nie vergessen: „Lück sin och Minsche." (Leute sind auch Menschen.)

maggele
Heimlich Geschäfte machen. Alle Dinge, über die man öffentlich lieber nicht spricht. Häufig im Umfeld des „Klüngel" (siehe S. 30) anzutreffen.

malätzich
Kränkelnd, auf die eher weinerliche Art, die Männer gerne an den Tag legen können. Zum Beispiel wenn eine Erkältung wie das nahende Ende begangen wird.

Maue

Hemdsärmel. Wer ordentlich trainiert oder schuftet und eine rohe Kartoffel mit der Hand zerdrücken kann, der hat amtlich etwas im Hemdsärmel – „der hätt jet en de Maue“, also Muckis wie Popeye.

Willy Millowitsch

Das ***„kölsche Orijinal“*** *(1909–1999) prägte mit seinem Volkstheater an der Aachener Straße, das bis heute von Sohn Peter betrieben wird, die Kölner Unterhaltungsszene der Nachkriegsjahre nachhaltig. Als* ***„Shtöckeschriiver“*** *(Stückeschreiber) und* ***„Resjißßöeres“*** *(Regisseur) war er einer der bedeutendsten Botschafter Kölns, wurden doch seine Schwänke bundesweit im Fernsehen übertragen – und selbst im deutschsprachigen Ausland. „Der Etappenhase“ war 1953 gar die erste Livesendung im deutschen Fernsehen. Auch in mehr als 30 Kinofilmen und unzähligen TV-Serien wirkte er als* ***„Schouspiller“*** *mit, u. a. als Kommissar Klefisch. Eine Bronzestatue und der Willy-Millowitsch-Platz in der Kölner Innenstadt erinnern an den Urkölner* ***„Entertäjner“****. Sein Lied* ***„Kölsche Jung“*** *ist bis heute in aller Munde und rührt zu Tränen.*

Möhn

Alte Frau. Unweigerlich denkt man an eine verbitterte, unverheiratete Alte, die mit vielen Katzen zusammen haust. Davon abgeleitet der „Möhneball", eine leider schwindende Tradition im Kölner Karneval. Am Veilchendienstag, dem letzten der tollen Tage, zogen die Frauen früher vermummt und mit Hexenmasken verkleidet inkognito durch die Kneipen. Erst um Mitternacht durften die Masken gelüftet und wieder gesprochen werden. Führte zu einigen interessanten Verwicklungen. Heute sind die „Möhne" nur noch in einigen wenigen Vierteln unterwegs.

Mömmes

Wissenschaftlich ausgedrückt: Verdicktes Nasensekret, das verklumpt. Schlicht ein Popel. Und wer sich von dem, was er so in der Nase findet, ernährt, der ist in Köln ein „Mömmesfresser", also ein Geizkragen.

Tünnes und Schäl sind auf der Beerdigung von ihrem Freund Josef. Schäl wirft einen Strauß Blumen auf den Sarg. Tünnes wirft eine Blutwurst hinterher. ***„Tünnes, beste jeck? Wat soll dä Jupp met der Flönz, dä kann die doch nit mieh esse."*** *Darauf Schäl:* ***„Ja jläuvste dann, hä deit ding Blome en de Vas stelle?"***

Möpp
Hund. Allerdings eher ein kleiner nerviger Kläffer Marke „Taschenköter" als ein ausgewachsener Wachhund.

Mösch
Fernab von Assoziationen im Sexualkundebereich könnte es hier zu einer Fehlinterpretation für Neukölner kommen. Denn in der Tierwelt ist „Mösch" nicht etwa ein Kätzchen, sondern ein Spatz. „Leever (lieber) en Mösch en der Hand, als en Duuv op demm Daach (Taube auf dem Dach)", ist das kölsche Äquivalent der Lebensweisheit: „Sei zufrieden mit dem, was du hast!"

muuzich
Mies drauf oder beleidigt sein, aber eher in nerviger Kleinkindmanier à la: „Der hat mein Förmchen geklaut". Wer „muuzich" ist, ist meist auch schnell wieder „jot drop" (gut drauf). Es gibt aber natürlich auch dauerbeleidigte Zeitgenossen. Diese „Muuzepuckel" sind weitaus schwerer aufzuheitern.

Nubbel
Der Typ, der im Karneval an allem schuld ist. Wirklich an allem! Er wird vor Weiberfastnacht als Strohpuppe in unterschiedlichster Gestalt gut sichtbar in Kneipen aufgehängt und zieht sich von diesem Logenplatz aus das närrische Treiben rein. Allerdings schlägt am Veilchendienstag seine letzte Stunde. Denn der „Nubbel" ist verantwortlich für den ganzen Alkohol, das Fremdknutschen,

die Ausschweifungen. Und darum muss er büßen: Schlag Mitternacht wird er in bester mittelalterlicher Manier verbrannt – unter Applaus der Jecken. Denn mit dem Feuertod des wörtlichen Strohmanns sind alle Sünden und Verfehlungen der letzten Tage vergessen und verziehen. Bis zum nächsten Jahr. Aber dann hängt ja schon die nächste „Nubbel"-Generation bereit.

Nüggel

Der Ausschalter für Baby-Brüllen: der Schnuller. Funktioniert in Köln auch nicht besser als anderswo.

Nüsel

Kleinigkeit, Rest. Wenn sich das Kölsch im Glas dem Ende zuneigt, heißt es: „Köbes, ich han nur noch ne Nüsel em Jlas!" – „Ober, schnell ein frisches Bier, ich habe nur noch einen schäbigen Rest im Glas." Als „Nüsele" wird auch das Kleingeld bezeichnet.

Odekolong

Eau de Cologne, Kölnisch Wasser, 4711. Der Duft der Großmütter und des Sonntagskaffees mit Likörchen. Inzwischen über 220 Jahre alt – und mit einer ähnlich frischen Anmutung.

Ovverstüfje

Oberstübchen, Gehirn. Die Stube, für die keine überteuerte Miete fällig wird, die oftmals aber leider auch nicht aufgeräumt wird – oder sogar erschreckend leer ist.

eeSCH eNS
DÄ NÜGGeL
fiNGe!
ZaK

Packan

Wenn es etwas Heißes anzufassen gilt, dann kommt der „Packan" ins Spiel. Der Ausdruck ist – wie oft im Kölschen – viel bildhafter als im Hochdeutschen. „Pack an" bringt es doch wesentlich besser auf den Punkt als „Topflappen". „Nemm (nimm) dä Packan för de Pann (Pfanne)!"

Pänz

Einer von gefühlt 200 Begriffen in der Domstadt für Kinder. „Ne, wat hat ihr lecker Pänz." (Nein, was haben Sie nette Kinder.) Einer allein ist ein „Panz" und das kommt vom Pansen, dem Magen der Wiederkäuer. Was das miteinander zu tun hat? Überlassen wir es lieber den Sprachforschern. Es ist auf jeden Fall irgendwie lustig.

Parreplü

Für die kölsche Bezeichnung des Regenschirms stand die Sprache unserer Nachbarn Pate. Die merkwürdigen drei Vokale am Ende des Französischen parapluie vereinfacht der Kölner zu einem „ü", frei nach § 6 des Kölsche Jrundjesetz: „Kenne mer nit, bruche mer nit, fott domet" (siehe S. 8).

Pattevugel

Werden besonders im Herbst zu Dutzenden am Rheinufer, vor allem auf den Poller Wiesen, gesichtet und von Spaziergängern oftmals verflucht: Papierdrachen.

Pief

Ofenrohr. Heute zwar kaum noch genutzt, aber legendär durch das Lied: „Kutt erop, bei Palms do es die Pief verstopp“ (Kommt rauf, bei Familie Palm ist das Ofenrohr verstopft). Selbst in der zweiten Bedeutung: „Do hätt hä sich direktemang en Pief anjestoche“ (Er hat sich umgehend eine Pfeife angezündet), ist der Begriff kaum noch zu hören.

Pimock

Zugezogener. Vielfach zwar das treffendere Wort als „Imi“ (siehe S. 26), aber bei „Pimock“ klingt ein wenig Verachtung mit. Denn nach dem Krieg war es gemeinhin der Spitzname für die Flüchtlinge aus dem Osten. Bei der Wortschöpfung stand der heilige Nepomuk Pate, der ertränkt wurde und seither als Schutzpatron der Brücken gilt. Und wer aus dem Osten nach Köln oder ins Rheinland will, muss zwangsläufig eine Brücke passieren. „Du ahle (alter) Pimock“ hört man aber auch, wenn der Linksrheinische über die Bewohner der „schäl Sick“ (siehe S. 45) frotzelt.

Ping

„Ich han överall Ping.“ Pein kann man überall haben, an jedem Körperteil, ob „Kopp“, „Buch“ oder „Rögge“ (Kopf, Bauch, Rücken). „Wenn et jet wieh deit“ (wenn es ein wenig weh tut), dann kommt das immer nur von harter Arbeit und niemals vom Kölsch trinken.

Plaat
Das ist zunächst einmal ein Pflasterstein aus Beton, ganz schlicht. Der „Plaatewääch" ist also ein mit Betonplatten gepflastertes Stück Bürgersteig oder vornehmer: „Trottewar". „De Plaat" nennt sich aber auch der bekannte Kölner Rocker Jürgen Zeltinger. Sein Spitzname leitet sich von der zweiten Bedeutung ab: „Plaat" oder „Plätekopp" ist ein Herr mit mehr als übersichtlichem Haupthaar.

Pläseer
Großes Vergnügen, Freude. Wiederum kommt der Einfluss der Grande Nation zum Tragen (frz. *plaisir*). „Et wor mir ein Pläseer mit euch ze singe und ze fiere", ist mehr als: „Es war schön – oder gar „härrlisch" –, mit euch zu singen und zu feiern." Zugleich ist es nicht so übertrieben wie: „Et wor dä schönste Dach in mingem Lääve." Als schönsten Tag im Leben bezeichnet der Kölner gerne überschwänglich jedes angenehme Erlebnis. Nein, „Pläseer" ist feinsinniger, es drückt tief empfundene Freude aus, die auch ein wenig ans Herz geht.

promeneere
Spazieren gehen. „Sundachs weed mit der janze Familich am Rhing elans promeneet." (Sonntags wird mit der ganzen Familie am Rhein entlang spaziert.) Aber nicht einfach so. Es hat schon etwas von einer Parade, wenn die „Pänz" (Kinder) „stievstaats in Sundachsmontor" (steif und herausgeputzt in Sonntagskleidern) defilieren. „Och, wann

se Löcher in dä Klamotte han“ (selbst mit Löchern in den Kleidern), der Kölsche ist stolz und eitel!

puddelrüh

„Ich han minge Chef im Ajrippabad getroffe, puddelrüh. Ne, wat peinlich!“ So reagiert der Arbeitnehmer, wenn er den Vorgesetzten in der Sauna im Agrippabad trifft und zwar splitterfasernackt. „Puddelrüh“ ist auch eines der erfolgreichsten Alben der Band Brings. Der viel zu früh verstorbene Wally (Walter) Bockmayer inszenierte dereinst das Stück “Puddelrüh durch die Prärie“ im Scala Theater.

Quaatsch

„Ich han sick Woche do esu Ping, ich han bestimmp de Höhnerjripp.“ (Ich habe seit Wochen schon so Schmerzen, ich habe bestimmt die Hühnergrippe.) Jedes Zwicken wird bei einem „Quaatsch“ zum Bandscheibenvorfall, ein „Schnuv“ (Schnupfen) zur gefährlichen Virusgrippe – vor allem bei männlichen Geschöpfen. Echte Hypochonder eben!

quagelle

Anruf im Büro mit heiserer Stimme: „Ich han ene janz schlemme Schnuv, Kopping un Ping överall, ich jläuv, dat weed dies Woch nix mieh. Ich deit esu jään arbeide kumme, ävver dat jeiht nit, ehrlich.“ – „Ich habe einen ganz schlimmen Schnupfen, Kopfschmerzen und Pein überall, ich glaube, das wird diese Woche nichts mehr. Ich würde so gern arbeiten kommen, aber das geht nicht, ehrlich." Solche Anrufe kennt jeder vom Kollegen. Genau von dem, der gestern noch erzählt hat, „dat am Ovend in der Weetschaff op der Eck gekäjelt weed" (dass am Abend in der Eckkneipe gekegelt wird). Und jetzt ist er so schlimm krank – oder „fiert hä krank" (feiert er krank)?

Quante

Füße. „Loss ding Stivvele rohig ahn, ding Quante stinke ewich esu noh Kies." Freundlicher Hinweis, dass man seine Stiefel aufgrund der olfaktorisch an Erzeugnisse aus pasteurisierter Kuhmilch erinnernden Füße ruhig anbehalten darf.

In einer Schulklasse herrscht ein Mordsradau. Der Rektor eilt herbei, packt sich den größten Schreihals und nimmt ihn mit in sein Büro. Sofort wird es still im Raum. Nach einer Weile klopft es an der Tür des Rektors, ein Schüler steckt seinen Kopf ins Büro und fragt: ***„Tschuldigung, Här Tirekter, ävver künne mer villeich uns Lehrer zeröck han?"***

rammdösich

Verrückt, aber nicht so wie „jeck“, eher im Sinne von durcheinander. „Hä määt mich janz rammdösich.“ (Er macht mich vollkommen irre.)

Rejalt

Herrschende. Denen begegnet man in der Domstadt eher mit Abstand, hält es mehr mit „Alaaf!“ statt mit Disziplin und Ordnung. „Unger nitschem (strengem) Rejalt“ ist der Kölner nicht gern.

Renomaasch

Unsympathische Wichtigtuerei, üble Protzerei.

Ress

Man kann „Ress krieje“, z. B. ungezogene „Pänz“ (Kinder), die als Strafe ein paar Schläge auf den Po bekommen. „Wenn dä Pitter (Peter) dat Marie em Ress ließ“, dann hat er sie sitzen gelassen. Sachen, die man im „Ress ließ“, werden liegen gelassen.

rösich

Rasend. Aber meist nicht vor Wut, sondern eher im Sinne von ungestüm. Ein Kind, das sich die Backen rot getobt hat, bekommt zu hören: „Bes nit esu rösich!“ (Beruhige dich!). „Rösich“ kann aber auch der Anblick eines sehr begehrenswerten Mannes respektive einer tollen Frau machen.

rude Panne om Daach

Ein bis zwei Prozent der Menschheit haben sie von Natur aus, die roten Dachpfannen, viele helfen mit Farbe nach. Bekannteste Kölner Rothaarige ist Karnevalsurgestein und Sympathieträgerin Marita Köllner – Künstlername „Et fussich Julche“ (Das rothaarige Julchen).

schäl Sick

Verballhornung der rechten, der falschen Rheinseite – ohne Dom, ohne Altstadt und historisch Heimat der (gottlosen) Germanen. „Schäl“ auch, weil die Pferde, die seinerzeit die Lastenkähne zogen, mutmaßlich Scheuklappen auf der dem Rhein zugewandten Seite trugen. Aber zumindest der Blick „vün Düx noh Kölle“, also vom rechtsrheinischen Stadtteil Deutz hinüber nach Köln, ist für manche unersetzlich. Auch das „Müllemer Böötche“ (Mülheimer Boot) startet rechts des Rheins. „Schäl Sick es chic!“

Schanditz/Schmier

Die „Schmier“ ist wie „dä Rejalt“ (siehe S. 44) dem Kölner suspekt. Ein „Schanditz“ wie Oskar, der freundliche Polizist aus der Wochenendausgabe des Kölner Stadtanzeigers, oder „Schnäuzerkowski“, der Schutzmann im Hänneschen-Theater, sind eher was für die „Lück“ (Leute). Preußische Ordnung und strenge Vertreter der Staatsgewalt kommen bei den anarchisch veranlagten Kölnern nicht gut an: „Se stüüre beim Maggele“ (sie stören beim Geschäfte machen).

Schmeck
Peitsche. „He häste en neu Schmeck. Domit kannste dem Pääd dat Laufe beibringe." (Hier, eine neue Peitsche. Damit kannst du das Pferd in Trab bringen.)

Schmecklecker
Eigentlich ein Genussmensch, dem das Essen schmeckt. Natürlich nicht ganz ohne Ironie, da ja gerne auch über das Essen gemotzt wird. So ganz recht kann man es dem Kölschen ja nie machen. Als „ahle Schmecklecker" wird ein betagter Herr tituliert, der auf das ein oder andere „Bützje (kleines Küsschen) vun enem lecker Mädche" erpicht ist.

Schmölzche
Ein Universalbegriff für eine Gruppe von Menschen, die irgendetwas gemeinsam haben oder machen. „Dat Schmölzche he im Saal" umfasst alle Festbesucher. „Dat janze Schmölze he op der Bühn" bezeichnet z.B. eine Tanztruppe oder einen Chor.

Schnurres
Schnäuzer, Schnurrbart. Gehört in einigen sozialen Kreisen, etwa dem Elferrat oder dem Schützenverein, immer noch zu den anerkannten Zugehörigkeitssymbolen. Die rheinische Ausführung ist eher die klassische „Besen"-Variante. Bekanntester „Schnurres" der Stadt ist der unter der Nase von Höhner-Frontmann Henning Krautmacher, der immerhin den Ehrentitel „Deutscher Bart des Jahres 2008" erhielt.

Ne, WAT eNe STAATSe KÄÄL!
UN DÄ SCHNURRES!
ZAK
DER UR-KÖLNER

Schnüss

„En kölsche Schnüss steiht niemols still, säht immer wat se will“, singen die Paveier in ihrer Köln-Hymne „Mir sind Kölsche us Kölle am Rhing.“ Will sagen: Der Kölner redet ... Und redet ... Und redet ... Der Mund („Schnüss“) ist nie zu. Und manchmal, ja manchmal, da sagt er auch etwas!

schwade

Das Verb zu dem, „wat die Schnüss mäht“. „Schwade kannste mit däm Kölsche övver alles: Övver dä Effzeh, dä esu niemals Meister weed (über den FC, der so niemals Meister wird), dä Fasteleer (Karneval), lecker Mädche oder Jonge un övver dä wunderschöne Dom“. Bring ein Kölsch mit und es wird ein launiger Abend. „Loss se schwade!“ ist dann die Aufforderung, sich um das Geläster der anderen nicht zu kümmern – man selbst stellt ja nur fest.

schwänzele

„Wat schwänzelt (schleicht) dä dann schon die janze Zick (ganze Zeit) öm dä Baas (Boss) eröm?“ – Eine Frage, die sich immer stellt, wenn sich jemand beim Vorgesetzten – ob im Beruf oder im Karneval – einschleimen will. Die Antwort lautet üblicherweise: „Wat hä alles kann und schon jedonn han well, dat moss hä dem Baas verzälle, söns merk dat keiner.“ (Was er kann und schon gemacht haben will, muss er dem Chef erzählen, sonst merkt es keiner.) Man selbst würde sich ja nie auf diese Art profilieren!

Strüßje

Kleiner Strauß frischer Blumen. Bei den Karnevalsumzügen werden sie im Austausch gegen ein „Bützje“ (Wangenküsschen) an die Zuschauer verteilt. Das „Strüßje“ ähnelt dann manchmal aber eher vertrocknetem Gestrüpp.

Stuff

Wohnung, genauer genommen das Wohnzimmer, die (gute) Stube. In Willi Ostermanns Klassiker über ein verstopftes Ofenrohr hat die arme Frau Palm die „janze Stuff voll Qualm.“

Törelör

Das Wort mit dem Singsang einer Trompete steht für langweiliges Einerlei, etwa manches Sitzungsprogramm im Karneval. „Dat wor nix, nor ein Törelör mit ahle Kamelle.“ (Das war nichts, nur ein langweiliges Einerlei aus zigfach Gesagtem – alten Bonbons.)

Tronedier

Wörtlich ein Tränentier. Wer am Rhein lebt, hat nah am Wasser gebaut. Daher schämt sich der Kölner seiner eigenen Tränen in der Regel nicht. Wenn andere aber traurig sind und weinen, werden sie gerne als „Tronedier“ abgestempelt, eine Gattung, die sich durch übermächtigen Tränenfluss auszeichnet, auch gerne mal ohne oder aus nichtigem Grund. Wichtige Gründe wären: Niederlagen des FC und „Rään am Rusemondach“

Vokale üvverall! Inflationäre Selbst- und Umlaute

Im Standarddeutsch sind die Vokale ziemlich übersichtlich – und ihre Aussprache auch. Ein „o“ oder „e“ sind lang und geschlossen oder kurz und offen. Ende! Das genügt dem Kölner nicht. Intelligente Menschen mit abgeschlossenem Studium haben herausgefunden, dass es im Kölschen die meisten Vokale aller Dialekte und Sprachen gibt – weltweit! Nur ein Eskimodialekt kann annähernd mithalten. Das „o“ beispielsweise kann im Kölschen auch kurz und geschlossen oder lang und offen gesprochen werden. Braucht man hier auch! Denn sonst wird aus Stahl – ***„Stohl“*** *mit langem offenen „o“ – schnell ein Stuhl –* ***„Stohl“*** *mit langem geschlossenem „o“. Dazu gesellen sich lustige Zwischenformen von „i“ und „e“ oder „ü“ und „ö“. Laute, die aber auch viele Kölner nicht immer richtig treffen und die von* ***„Veedel“*** *zu* ***„Veedel“*** *(Viertel) variieren. Also nur Mut, einfach drauf los* ***„schwade“*** *(reden)!*

(Regen am Rosenmontag), dem wichtigsten Feiertag des Jahres.

Trottewar

Die „Bürgersteige“ werden im Studentenviertel der Stadt nie hochgeklappt und sind daher sonntags morgens auch nicht wirklich appetitlich anzusehen.

Ühm

„Der Broder vum Pap oder vun der Mam“, also der Onkel. Ebenso kann ein älterer Herr gemeint sein. Der „Ühm“ ist die liebevolle Bezeichnung für jemanden, vor dem man Respekt hat und dem man auch eine gewisse Weisheit zuerkennt: „Frog (frag) der Ühm, der kennt sich us.“

Urz

„Alarm, dä letzte Urz Kölsch im Jlas!“ – eine absolute Notsituation. Wenn nur noch ein Rest Kölsch im Glas ist, muss ganz schnell Abhilfe geschaffen werden, sonst ist es vorbei mit Frohsinn und Gesang.

Veedel

„En unserem Veedel ...“ ist wohl der einzige Song, der alle Kölner gleichermaßen anrührt. Der Traum vom Stadtviertel, in dem man die Nachbarn noch kennt und sich geborgen fühlt, lebt auch in Zeiten von Globalisierung und Gentrifizierung weiter. Und die meisten Kölner sind ihrem „Veedel“ sehr verbunden.

verbasere

Wenn der Kölner etwas „verbasert“, dann ist es „fott“ (weg), „nit mieh ze finge“ (nicht mehr zu finden). Es ist „verkromt“ bzw. „verkrost“ (verkramt). Bei der preußischen Ordnungsliebe der Kölner kaum zu glauben. Aber, es findet sich immer eine kölsche Lösung für das Problem, denn der Kölner ist ein Meister der Improvisation.

verdötsch

Wörtlich übersetzt verwirrt, eher im traurigen Sinne. „Die Ahl (Alte) es total verdötsch“, will sagen, dass eine ältere Frau an Altersvergesslichkeit leidet – oder schlimmer. „Knatschverdötsch“, also die Steigerung von „verdötsch“, meint hingegen überbordenden Frohsinn und Ausgelassenheit bis hin zu Übermut. „Knatschverdötsch, jeck und raderdoll (total irre) es janz Kölle im Fasteleer (Karneval).“ Kann man nicht beschreiben, muss man erleben!

verjöcke

Das kann besonders die Verwaltung gut: Mit Geld um sich werfen, Millionen in U-Bahntunnel, Museumsbauten oder Radrennbahnen versenken. „Die han dat janze Jeld verjöck.“ Es kann aber auch bedeuten, dass man etwas durch mangelnde Sorgfalt schnell abnutzt: „Die neu Botz (Hose) hätt der Panz (Kind) ald janz verjöck.“

verkrose

Verkramen. Gut aufgeräumt und dort abgelegt, wo man es „op jede Fall widder fing“ (in jedem Fall wieder findet). „Ich weiß jenau, dat ich dat do hinjelaat han (hingelegt habe), jetz es et fott.“ Wie kann das nur sein? Unerklärlicherweise weg! Das war bestimmt jemand anders. Um Ausreden ist der Kölner halt nie verlegen!

Verzäll

Einerseits alles, was erzählt wird. Aber da der Kölner bekanntlich gut reden kann, auch ohne etwas zu sagen, bedeutet es andererseits auch Geschwätz oder Gelaber. Steierungsform: „Pissverzäll“ bzw. „Sickverzäll.“ Selbstverständlich immer der der anderen. Man selbst gibt ja nur enorm Wichtiges zum Besten. „Wat määt dä dann för ene Pissverzäll, dä Tütenüggel. Breng dem ens ä Täschedooch, dem Tronedier.“ (Was schwätzt der denn für ein unnützes, weinerliches Zeug. Man sollte ihm ein Taschentuch reichen, dem Weichei.) „Verzällcher“ hingegen sind kleine nette Anekdoten und Schwänke aus dem Leben: der Bericht von einer Urlaubsreise, eine Familiengeschichte und insbesondere Überlieferungen „us dem ahle Kölle“, also Berichte aus dem alten Köln (siehe S. 132).

Visaasch

Ein Begriff, dessen französische Herkunft (*visage*) klar zu erkennen ist. Napoleon war ja ‚gern gesehener‘ Gast im „ahle Kölle“ (alten Köln). Das Antlitz ist gemeint, aber weniger hold als eher derbe. „Wat treckste dann widder för ein widderlich Visaasch?“ (Was ziehst du denn wieder für ein widerliches Gesicht?) Neutraler ist „Jeseesch“ (Gesicht).

Visitt

Besuch. Auch hier stand die französische Sprache Pate: Der gastfreundliche „Anrheiner“ empfängt gerne, oft und viel Besuch, „öm de Schnüss ze schwade“ (um das Mundwerk in Gang zu halten) und gesellig zu sein. Frei nach dem Motto: „Am schönsten es et, wenn et schön es“.

Wieverfastelovend – Weiberfastnacht

„Jecke Wiever övvernemme die Stadt, janz Kölle steht Kopp!" *ist eine gerne gewählte Schlagzeile der Kölner Boulevardzeitung Express für diesen höchsten Feiertag der* **„Kölsche Mädche"**. *Es ist der Karnevalsdonnerstag und der Tag, an dem die Stadt endgültig dem närrischen Treiben verfällt. Um 11 Uhr 11 wird* **„om Aldermaat"** *(auf dem Alter Markt) offiziell der Straßenkarneval eröffnet. Von diesem Moment an herrscht in Köln die schönste Anarchie. Die* **„Jecken"** *übernehmen das Regiment.*

Weckelditz

Wickelkind. Da der Kölner Verkleinerungen liebt, gern auch „Weckelditzje". „Dat Tina es sojar mit singem (seinem) Weckelditzje zum Zoch jekumme (zum Zug gekommen). So ä leev (liebes) klein Mädche." Es geht aber auch anders: „Benemm dich ens ördentlich, nit wie esu ne Weckelditz!" (Benimm dich ordentlich, nicht wie so ein Hosenscheißer).

Wibbelstätz

Liebevolle Umschreibung einer kleinen Nervensäge, eines lebhaften Kindes. „Dä Panz es ävver och ene Wibbelstätz. Nit zwei Minute kann der ens still setze". (Das Kind ist aber hyperaktiv. Nicht zwei Minuten kann es still sitzen). Sehr wuselige Menschen werden ebenfalls als „Wibbelstätz" bezeichnet. Aus naheliegendem Grund nennen sich einige Tanzkorps und Karnevalsvereine so.

wupptich

Schnell, ohne Umschweife. „Dat Pittermännche han se wupptich eranjerollt, die Musik ahn und aff jing et!" (Das 10-l-Kölschfässchen wurde ratzfatz herangerollt, die Musik aufgedreht und dann ging die Post ab!) Da man links und rechts des Rheins eher selten hektisch wird, wird dieser Begriff nicht mehr allzu häufig verwendet.

Unsere Empfehlung:
Kölsche Kaviar
met Kölsch

Kapitel 2

Speis und Trank

Crashkurs

Möchten Sie auch eine Kleinigkeit essen?	*Willste och jet ze müffele?*
Die Frikadellen sind sehr preiswert.	*Die Frikadelle jitt et för ne Appel un e Ei.*
Ich hätte gerne einen klaren Schnaps.	*Dun mer ne Klore.*
Der kann einiges vertragen!	*Dä süff wie e Loch!*
Das war ein beachtlicher Rülpser.	*Stöck Brud dobei?*
Wer nichts wird, wird Wirt.	*Wä nix weed, weed Weet.*
Ich hätte gerne eine kleine Portion Nudelsalat.	*Ich nemm dä Nudelschlot. Ävver nor ne kleine!*
Kann ich, bis ich gehe, anschreiben lassen?	*Maht ehr och Deckel?*

Das Fleisch ist ein wenig zäh.	*Dat wor ävver en ahle Koh.*
Du bist viel zu dünn!	*Du häs keine Platz för Buchping!*
Ist da noch ein Platz frei?	*Rötsch ens e Stöck.*
Da ist aber wenig Fleisch drin.	*Besser en Luus em Döppe wie jar kein Fleisch.*
Herr Ober, bitte bringen Sie mir noch eine Runde.	*Köbes, dun mer noch ne Kranz.*
Der hat einen ansehnlichen Bierbauch.	*Dä hät ne Bierfriedhoff, der es jrößer wie Melote.*
Herr Ober, das Glas ist nicht bis zum Eichstrich gefüllt.	*Köbes, wat koss dat Bier, wenn et voll es?*

Äädäppel
Erdäpfel, also Kartoffeln, sind das Kölner Grundnahrungsmittel – neben Kölsch versteht sich. Verkürzt auch „Ääpel“ oder „Ääpele“ im Gegensatz zu „Äppel“ (Äpfel).

Botteramm
Das gute alte Butterbrot. In früheren Tage gerne zubereitet mit der gleichnamigen, mittlerweile aus den Regalen verschwundenen Margarine, für die Willy Millowitsch (siehe S. 34) schon in den 1960er-Jahren im TV warb: „Die jode (gute) Botteram!“

Büdche
„Et Büdche“, die kölsche Trinkhalle ist mehr als die Vorratskammer für Zigaretten und Bier. Das Büdchen ist ein Ort der Begegnung. Hier trifft der Rentner, der sonntags morgens seine Brötchen holt, auf den Studenten, der sich das letzte Wegbier für den Heimweg besorgt. Unverzichtbarer Schmelztiegel der Kölschen Lebensart!

Erbel
Erdbeere. Viel kürzer als das hochdeutsche Wort. In Sachen Sprachökonomie macht der prinzipiell redefreudige Kölner manchmal kaum jemandem etwas vor.

Flönz

Anderes Wort für „Blootwoosch" (Blutwurst). Die Kochwurst aus Schweineblut ist nicht jedermanns Sache, aber fester Bestandteil der lokalen Küche. Ein beliebter Sprachtest für „Imis" (Zugezogene) ist die Aufforderung: „Sach ens Blotwoosch" (Sag mal Blutwurst). Wer verhindern will, zu klingen wie nach einer missratenen Zahn-OP, sagt einfach „Flönz".

Fooderkaat

Das Dokument, das in Brauhäusern und kölschen Kneipen die Spezialitäten der ‚Eingeborenen' erklärt. Dabei bietet die Speisekarte fast überall das gleiche Repertoire – und meistens zu teuer.

Tünnes an der Theke: ***„Saach, dat Bier schmeck hück ävver jar nit. Jestern hätt et besser jeschmeck!"***
Der Wirt empört: ***„Du Jeck, dat es doch vun jestern!"***
(Sag, das Bier schmeckt heute aber gar nicht, gestern hat es besser gechmeckt. – Dummkopf, es ist doch von gestern.)

Halve Hahn

Hier ist keinerlei Geflügel im Spiel. Die verdutzten Gesichter angesichts des als „Halve Hahn“ deklarierten „Röggelche“ (Roggenbrötchen) mit einer dicken Scheibe Gouda würden Bücher füllen. Die Erklärung des Namens ist pragmatisch. Ein Gast, der offensichtlich auf Diät war, soll sich beschwert haben, als ihm der Kellner ein ganzes Roggenbrötchen mit Käse servierte: „Ävver ich will doch bloß ne halve han“ (Aber ich möchte doch nur ein Halbes haben).

Hämmche

Ein echt-kölsches Gericht. Das gepökelte Schweinebein aus der Hinterkeule, oft mit Sauerkraut serviert, liefert die perfekte Grundlage für einen langen ‚Feier‘-Abend. Zudem ist es elementarer Bestandteil der echten kölschen „Ähzezupp“ (Erbsensuppe). Die gibt es aber laut den Bläck Fööss nur „einmol en der Woch“.

Himmel un Ääd

Typische Gaumenfreude des Kölners mit Kartoffeln und Äpfeln, mal separat angerichtet, mal gemeinsam gekocht. Die Äpfel stehen für den Himmel, die Kartoffeln für die „Ääd“ (Erde). Rund wird die Sache mit der Beilage „Höll“ (Hölle): gebratene „Flönz“ (Blutwurst).

Kabänes

Das urkölsche Wort für „Freund" oder „Prachtexemplar" ist heute fast nur noch in Kneipen zu hören, und zwar als Name eines Kräuterlikörs, der im Kölner Umland zusammengebraut wird. Was dem Westernhagen sein Johnnie Walker ist, mag dem Kölner ruhig sein „Kabänes" sein: „minge beste Fründ" (mein bester Freund).

Kamelle

Nicht nur schnöde Bonbons, sondern so ziemlich alles, was von den Wagen des Rosenmontagszugs geschleudert wird. Dass dabei auch gerne einmal ganze Pralinenpackungen als süße Wurfgeschosse die Köpfe der Jecken treffen, ist karnevalistischer Kollateralschaden. „Ahl Kamelle" sind altes, langweiliges Gerede.

Kappes

Gesundes, aber die Darmaktivität steigerndes Kohlgemüse wie „rude", „wieße" oder „suure Kappes" (Rotkohl, Weißkohl, Sauerkraut) – oder ausgemachter Unsinn: „Wat du sähs (sagst) es alles Kappes!" Und schließlich eine wenig schmeichelhafte Bezeichnung für Kopf: „Ne, wat hät dä ne decke Kappes."

Katömmelche

Hat so gar nix mit Kartoffeln zu tun, sondern es sind Aprikosen. Wer will, darf aber auch „Marille" oder „Aprikuse" sagen. Eine kleine dicke Nase wird übrigens auch „Katömmelche" genannt.

ICH HAN HE SIBBE KÖLSCH UN E PITTERMÄNCHE.
WÄ KRITT WAT?
ZAK
RATLOSE KÖBES

Kaschemm

Eine Kneipe, aber nicht irgendeine. Eine „Kaschemm" ist im besten Sinne urig. Es riecht immer noch nach Zigaretten, auch wenn seit Jahren offiziell nicht geraucht wird. An der Theke sitzen immer dieselben – gerne auch schon mittags. Neue Gäste dürfen weniger mit Freundlichkeit als mit musternden Blicken rechnen. „Wat will dä Typ denn he?"

Köbes

Toll, dass es in der modernen Dienstleistungsgesellschaft noch Typen gibt, die einfach nur unfreundlich sein dürfen. Der Kellner („Köbes") im kölschen Brauhaus schert sich nicht um Etikette. Wehe, der Gast nimmt nicht einfach ein Kölsch aus dem Kranz, sondern kommt mit Extrawünschen. Bestellt er ein Wasser, erwidert der dienstbare Geist gerne: „Willste noch Seif dobei?"

Kölsche Kaviar

Das Gericht hat rein gar nichts mit den elitären Fischeiern aus Russland am Hut, sondern ist die Fleischfresser-Variante des „Halve Hahn" (siehe S. 62): „Röggelche" (Roggenbrötchen), ein Stück „Flönz" (Blutwurst) und „Mostert" (Senf). Mit scharfen Zwiebelringen garniert heißt es auch „kölsche Kaviar met Musik". Warum wohl?

Kruck

Sozusagen Nutella für kölsche „Pänz" (Kinder). Ein süßer Brotaufstrich aus sirupähnlich eingekochtem Zuckerrübensaft. Apfelsaft geht auch.

Kölsch

Die Sprache und ebenso das Lebenselixier in Form von hellem, obergärigem Bier. Das darf nur im Kölner Stadtgebiet gebraut werden – und schmeckt fast ausschließlich Kölnern und Imis. Besucher, die zum ersten Mal eines der 0,2-l-Kölschgläser, die übrigens Stange heißen, ansetzen, reagieren erstaunlich oft mit: „Schmeckt ja wie Wasser." Der Irrglaube, Kölsch würde sich nicht zum gepflegten Wirkungstrinken eignen, und dazu die im Süden der Republik gerne als Reagenzgläser verspottete kleine Darreichungsform haben schon so manchen strammen Thekensportler in die Knie gezwungen.

Muuzemändelche

Tropfenförmiges Fastnachtsgebäck. Die in heißem Öl gebackenen kleinen Schweinereien eignen sich hervorragend als Wegzehrung im Straßenkarneval, lassen aber auch das Hüftgold wachsen. Weniger feiner Name „Nonnefützjer" (Nonnenpups).

Dä Kölsche säht – Der Kölner meint

Ich ben buchsatt.	*Ich bin pappsatt.*
Et letzte Kölsch wor öm.	*Wir möchten gerne etwas bestellen!*
Eimol Fritte rut-weiß!	*Einmal Fritten mit Ketchup und Mayo!*
Jitt et noch e Krüssje wärm?	*Haben Sie noch Gulaschsuppe?*
Loss der de Sonn en de Hals schinge, dann häste och jet Wärmes em Mage!	*Stell dich nicht so an, du wirst schon nicht verhungern!*
Wat dä Boor nit kennt, dat friss hä nit.	*Hab ich noch nie probiert und werde ich auch nicht probieren.*
Schad öm der schöne Doosch, wann hä nit jelösch weed.	*Da ich einmal hier bin, kann ich auch ein Bier trinken.*

Öllich

Das Gemüse, das zu Tränen rührt und manch unerwünschten Ton erzeugt: die Zwiebel. Eine leicht durchgeknallte Person, vornehmlich weiblichen Geschlechts, heißt im Kölschen „jeck Öllich".

patent

Hat nichts mit der Anmeldung von Erfindungen zu tun: Wenn das Fleisch richtig schön saftig ist, dann ist es „patent".

Pittermännche

Der „kleine Petermann" ist auf Feiern immer gern gesehen, denn gemeint ist ein 10-l-Fass Kölsch. Genug Inhalt und problemlos von einer Person zu transportieren. Einen ***„Kölsch-Zapphahn"*** *(Zapfhahn) – gerne verchromt – und* ***„Kölschjläser"*** *(Kölschgläser) sollte man haben, dann steht dem Genuss nichts mehr im Wege.* ***„Zehn Liter Kölsch es et letzte wat mer han"****, intoniert man kurz vor Ende einer durchzechten Nacht. Im Fässchen hält das Bier lange kühl und* ***„fresch jezapp es et ein Pläseer"*** *(frisch gezapft ist es eine Freude). In manchem Brauhaus kann man sich durch Bestellung eines* ***„Pitters"*** *den* ***„Köbes"*** *(Kellner) längere Zeit vom Hals halten.*

Plüschprumm

Weder anstößig noch gemütlich, einfach ein stinknormaler Pfirsich. Eigentlich auch ganz logisch, denn der Pfirsich sieht ja tatsächlich aus wie eine plüschig-pelzige Pflaume („Prumm").

Quallmann

Die „wejen der Fitamine" (wegen der Vitamine) in der Schale gekochten Kartoffeln werden klassisch mit „Häring" (Hering) oder vegetarisch mit „Klatschkies" (Quark) gereicht. Und sie sind Grundzutat des allgegenwärtigen „Ääpelschlot" (Kartoffelsalat). Dem Erfindungsreichtum bei der Verwendung von Pellkartoffeln, denn um die handelt es sich hier, ist allerdings keine Grenzen gesetzt. „Brotääpele" (Bratkartoffeln) lassen sich am nächsten Tag großartig aus „Quallmännern" zubereiten.

Rievkoche

Reibekuchen bzw. Kartoffelpuffer sind eines der Leibgerichte der Rheinländer. Von den Bläck Fööss im „Rievkooche Walzer" besungen. Wegen des – zugegebenermaßen penetranten – Fettgeruchs bei der Herstellung, vor aller aber wegen der kommunikativen Möglichkeiten isst man Reibekuchen am besten an der „Rievkochebud", dem Kölner Pendant zur Frittenbude: „Rievkoche mit nem lecker Kölsch und de Schnüss schwade (sich unterhalten)". Zu Reibekuchen schmeckt in Köln Apfelmus, manche schwören gar auf „Kruck" (siehe S. 65) als süßem Aufstrich.

„Rievkoche“ ist darüber hinaus auch eine Bezeichnung für eine eklige Schürfwunde.

Röggelche

Zwei aneinander gebackene Brötchen bzw. Semmeln mit hohem Roggenanteil. Aber ein „Röggelche“ ist so viel mehr: Belegt mit Mett und „Öllich“ (Zwiebeln), mit Blutwurst oder mit mittelaltem Gouda wird es zu kölschen Tapas. Als Beilage passt es ebenso zu einer Portion Gulasch („Krüssje“) wie zu „Ähze- oder Bunnezupp“ (Erbsen- oder Bohnenssuppe).

Schabau

Hochprozentige Ergänzung zum Kölsch und optimaler Magenaufräumer nach fettigem Essen – also Schnaps in seinen unterschiedlichen Spielarten, ob „Kabänes“ (siehe S. 63) oder „Jabiko“ („janz billijer“ Korn). In „der Weetschaff op der Eck“ (der Wirtschaft auf der Ecke) gerne auch zusammen mit einem Kölsch als „Gedeck“ serviert.

Walter bestellt in der Imbissbude ein gegrilltes Hähnchen. ***„Deit mer leid, ävver de Hähnche sin us jejange.“*** *(Tut mir leid, aber die Hähnchen sind ausgegangen.) – Walter daraufhin:* ***„Un wohin?“***

suure Hungk

Der „saure Hund“ ist keineswegs ein chinesisch inspiriertes Fleischgericht, sondern das Gesöff, das in Kölschkneipen meist als Wein kredenzt wird.

Taat

„Su e Bützje vun enem Nützje, jo dat schmeck wie Appeltaat,“ schrieb Ostermann in einem seiner Lieder. Heißt soviel wie: „Ein Küsschen von der Geliebten schmeckt wie …“ Na? Richtig: „… wie Apfelkuchen!“ Gerne der mit „Riemchen“ also einem Netz aus Hefeteig und Hagelzucker obendrauf und gefüllt mit „Appelkompott“. Im Herbst schmeckt frische „Prumme taat“ (Pflaumenkuchen).

Zizies

Die kölscheste Version der „Brotwoosch“, also der Bratwurst. Die frische, ungebrühte Wurst wird scharf angebraten und mit „Öllich“ (Zwiebeln), Lorbeerblatt, Piment, „Peffer“ (Pfeffer), „Bröh“ (Brühe) und einem Schuss Kölsch veredelt. Wenn kein Kölsch zur Hand ist – also nie – geht auch Weißwein. Dazu „Äädäppel“ (Kartoffeln) und „suure Kappes“ (Sauerkraut).

Kapitel 3

Liebes-geflüster

Crashkurs

Du bist eine sehr attraktive Frau.	*Ne, wat bes du för e lecker Mädche!*
Jetzt zier dich nicht so! Ich beiße schon nicht.	*Nemm mich ens en dä Ärm!*
Wir Männer hier am Rhein sind tolle Liebhaber. Solltest du dir nicht entgehen lassen!	*Kölsche Junge bütze jot.*
Ich hab es gewusst! Der Typ ist fremdgegangen.	*Ich han et jewuss! Dä Kääl hät nevven der Pott jepiss.*
Mit dem treff ich mich nicht noch mal, der ist furchtbar langweilig.	*Met däm treff ich mich nit noch ens. Dat es ene ärg ärüjje Pitter.*
Schatz, ich liebe dich!	*Leevche, ich han dich wirklich jään!*

Bei uns zu Hause hat mein Mann nicht wirklich etwas zu sagen.	*Minge Kääl hät ze Hus nix ze kamelle.*
Ich finde dich völlig unattraktiv!	*Op dich künnt mer mich dropschweiße, ich dät mich loss roste.*
Ein nettes Wort kann einen Menschen sehr glücklich machen!	*Met enem jode Woot kann mer ne arme Minsch drei Winterdach wärme!*
Wer schön sein will, muss leiden.	*Huffaht muss Ping ligge.*
Du bis mein Schatz.	*Du bes minge Augetruss.*

afknuutsche
Heftiges Küssen, manchmal auch ohne ausdrückliche Einwilligung. „Dun dat Mädche nit esu afknuutsche, dat kritt jo kei Luff mieh." (Küss das Mädchen nicht so wild, es bekommt ja kaum noch Luft).

Ahl
Alte oder Alter. Leicht abschätzige Bezeichnung für den Ehemann „dä Ahl" oder die Ehefrau „dat Ahl", wenn die rosarote Brille schon lange nicht mehr stark genug ist und Romantik nur noch einmal im Jahr verordnet wird.

angkascheere
Sowohl das Wort wie auch der damit beschriebene Vorgang sind eine Rarität aus vergangenen Zeiten mit Manieren. Bedeutet „zum Tanz auffordern".

Bienebüggel
Triebhafter Mensch gesetzteren Alters, der es auf seine alten Tage noch mal krachen lassen will und nichts als Sex im Kopf hat. Klassischer Lustgreis.

Bommelasch
Wer seiner Liebsten etwas schenken will, macht damit wohl nix falsch: jede Form von Schmuck wie Ohrringe, Halsketten oder Armbänder. Und der ist der kölschen Dame durchaus wichtig: „Leever Schweißpääle als üvverhaup kein Bommelasch."

Bützje

Das kleine, gehauchte Küsschen hat nichts Erotisches, sondern ist nur Ausdruck von Freude. Wird im Karneval natürlich trotzdem oft missverstanden und führt gerne zu Verirrungen. Kegelbrüder rufen als Trinkspruch: „Bütz de Klötz!“ (Küss die Klötze!)

Dänzersche

Ein Mann, der sich so eine Frau anlacht, darf kein Couch-Potato sein, denn sie ist ein feierwütiges Mädchen, das am liebsten von Club zu Club zieht.

Döllche

Auch wenn in Köln schnell ein Bier zusammen getrunken, geschunkelt und „gebützt“ (geherzt) wird: Die wenigsten Frauen verstehen dies als eine Einladungen zu mehr. Daher Obacht! Wer zu forsch ist, fängt sich ein „Döllche“ (Ohrfeige).

*Ein Ehemann flucht und beschimpft seine Frau: **„Jetz es et ävver jot! Du bütz mich jo bloß, wann du Jeld bruchs!“** (Jetzt reicht es, du küsst mich nur, wenn du Geld brauchst.) – Darauf erwidert die Frau: **„Es dat dann nit off jenoch?“** (Ist das denn nicht oft genug?)*

et Äffje pelzen

Wer seinen „Affen verprügelt", dessen Bemühungen auf der Pirsch im Kölner Nachtleben waren offensichtlich nicht vom gewünschten Erfolg gekrönt. Mit dem Ergebnis, dass er es sich selber schön macht.

Fisternöll

Verhältnis, aber nicht zwingend mit Fremdgehen verbunden, z. B. wenn zwei Kollegen ein Techtelmechtel hatten, das geheim bleiben soll. Meist sind „Fisternöllche" kurzlebige Abenteuer. Wirkliche Affären sind eher ausgewachsene „Nevvebeiche" (Nebenbeilaufende). Das Verb „fisternölle" ist übrigens kein Schweinkram, bedeutet einfach nur „basteln".

Föhl ens!

Bei aller Niedlichkeit hat die kölsche Sprache auch klare Ansagen zu bieten. Im sexuellen Kontext ist „Fühl mal!" eine eindeutige Aufforderung.

Hätzekülche

Herzgrübchen. Die Stelle, an der die Liebsten abgespeichert sind, ganz tief „em Hätz". Und da im Kölschen das Wort „de Leev" (die Liebe) nicht mehr benutzt wird, ist eine der stärksten Sympathiebekundungen: „Du bes ming leev Hätzekülche."

It

*Eigentlich einfach nur „es", aber im Kölschen alles andere als ein reines Neutrum. Denn auch Frauen werden im Schatten des Doms auf ein **„it"** reduziert. **„Ich han it jeknutsch!"** (Ich habe „sie" geküsst!) Also irgendwie alle „It-Girls", die **„Mädche in Kölle"**.*

jään han

„Ich han dich jään (gern)" ist die höchste Form der Zuneigung, zu der ein Kölscher in seiner Muttersprache fähig ist. „Ich han dich leev" (Ich liebe dich) wird man im Schatten des Doms niemals hören.

karesseere

Wer über „schunkele" und „bütze" hinauskommt und Level 2 erreicht, der „karesseet", der darf streicheln und liebkosen.

Kodöngche

Auch ein Dom, aber ein kleiner aus Latex. Der unverzichtbare Sicherheits-Begleiter für eine leidenschaftliche Nacht: das Kondom.

Mi Leevche es immer noch suur op mich.
Zak

Kuschelemusch

Ähnlich wie „Fisternöll“ (siehe S. 78), aber doch eher eine verbotene oder unmoralische Sache, die unbedingt verheimlicht werden muss.

Lischowa

Liebhaber oder Freund. Nicht im Sinne von „heimliche Liebschaft“, sondern eher im durchaus öffentlichkeitswirksamen Sinne von: „Jap, wir tun es!“ „Et stemmp, dä Hein es minge Lischowa!“ (Ja, das stimmt, der Hein ist mein Liebster!)

Leckerche

Ein hübsches Mädchen oder auch Junge, ein wahrer „Augetruss“ (Augenschmaus). Reflexartiges Kompliment von Männern, wenn sie im Karneval einer jungen Frau begegnen.

Leevche

Das Liebchen oder die Liebste. Durchaus von tiefstem Herzen kommender Kosename für Freundin oder Frau, allerdings auch nicht gerade vor flammender Leidenschaft lodernd, sondern eher respektvoll wie ein Handkuss und Hofknicks.

Dä Kölsche säht – Der Kölner meint

Du sühs us wie minge zweite Ehemann.	*Ich bin zwar verheiratet, aber du gefällst mir ausgesprochen gut …*
Leeven Jott, hät die e Milchjeschäf.	*Mein Gott, hat die Frau eine beeindruckende Oberweite.*
Wat för en schön Tant Nett.	*Was für eine unfassbar aufgedonnerte und eingebildete Ziege.*
Schläch hüre kann se jot, ävver jot sinn kann se schläch.	*Meine Frau hört und sieht nur, was sie will.*
Wer hierode well, muss Brud schnigge künne.	*Wenn du heiraten willst, musst du auch was im Haushalt machen.*

Malör

Missgeschick jeglicher Prägung, bezeichnet auch ein un- oder außereheliches Kind. Wenn es während der tollen Tage zu einem erotischen Abenteuer kommt und dies nicht ohne Folgen bleibt, ist die Frucht der Lenden ein „Malörche". Irgendwie klingt selbst gröbste Unmoral im Kölschen niedlich.

Nützje

Eher abschätzige Bezeichnung untreuer Ehemänner für die Geliebte und zugleich Kosewort für ein kleines Kind.

Parkeva

Bordellbesitzer. Frauen beschimpfen so auch ihre Männer, wenn sie moralisch eher flexibel sind und ein problematisches Verhältnis zur ehelichen Treue pflegen.

Pusseerstengel

Abgeleitet von „pusseere" (liebkosen) bezeichnet das Wort einen Menschen – Männlein oder Weiblein –, der sich durch großen Hunger nach Körperlichkeit mit wechselnden Partnern auszeichnet. Klingt auf jeden Fall niedlicher als Schlampe, meint aber dasselbe.

Kapitel 4

Donner-wetter

Crashkurs

Du bist wohl auf der Suche nach Ärger?	*Du häs wall Spass an Joldzäng?*
Dir gehört hier rein gar nichts.	*Maach de Auge zo. Wat du dann sühs, es dir.*
Du bist hässlich wie die Nacht.	*Ding Jeseesch un minge Aasch, dat künnte Bröder sin.*
Für den Typ ist es jetzt wirklich 5 vor 12!	*Ich sage däm jetz för fönf Minutte Bescheid.*
Der hat einfach immer nur Glück.	*De dümmste Bure han de dickste Äädäppel.*
Du bist strohdoof.	*Du bes nit nor doof, du süffs wall och Maggi.*
Wer *die* Frau abschleppt, bereut es am nächsten Morgen.	*Wer it et naachs kläut, brängk it am Dach widder.*

Du machst mir nix vor, ich weiß, was abgeht!	*Du muss eesch eimol draan rüche, wo ich üvverall hinjepiss han.*
Du bist hier mehr als überflüssig und unerwünscht.	*Dich hätte se besser en dä Wald jespritz, du wärs eine schöne Tanneboom jewode.*
Du kannst mich mal gern haben.	*Do kanns mir dä Puckel erafrötsche.*
Ich warne dich, reiz mich nicht.	*Pass op, ich kann Mikado!*
Du hast hier nichts zu sagen.	*Du häs he nix ze kamelle.*
Jetzt ist es aber genug.	*Maach halvlang!*

Aapefott

Ein Mensch auf 180, dessen erzürnte rote Gesichtsfarbe an das Hinterteil von Pavianen erinnert. „Du häs en Visaasch (Gesicht) wie en Aapefott."

Blötschkopp

Eine Beule („Blötsch") am Kopf sorgt zwar für Schmerzen, aber die vergehen bald wieder. Schlimmer als eine Unwucht nach einem Ritt gegen den Türrahmen sind die unsichtbaren Dellen am Schädel, die niemals verheilen: Ein „Blötschkopp" ist ein Dummkopf.

Borebahnhoff

Ein ausladendes Gesäß hat zahlreiche Umschreibungen in Köln, der „Bauernbahnhof" ist eine der fantasievollsten. Ebenso verbreitet sind „Ackerschpääd" (Ackerpferd).

„Marie, wann du wigger esu frech bes", *schimpft die Mutter,* ***„dann kriss du eines Dachs Pänz, die üvver-haup nit brav sin."*** *(Wenn du weiter so frech bist, bekommst du später keine gut erzogenen Kinder.) – Darauf die kleine Marie:* ***„Mamm, jetz häste dich ävver fies verrode!"*** *(Jetzt hast du dich verraten!)*

„Eieraasch" (Eierpo), „Träntelfott" (träges Hinterteil), „Trumm" (Trommel) oder „Wiggasch" (breiter Po). Ob im Domschatten besonders viele ausladende Hinterteile zu Hause sind oder der Kölner nur Spaß an abwechslungsreicher Beschreibung hat, dazu liegen noch keine Forschungsergebnisse vor.

Dress

Mist oder Durchfall, weniger vornehm einfach Scheiße. Durchaus auch in besseren Kreisen benutzt. Klingt selbst bei Beleidigungen fast lyrisch. „Ich wünsch dir de jlöhndigen Dress", hört sich doch zweifelsfrei charmanter an als die Übersetzung: „Ich wünsche dir glühenden Durchfall." Oft zu hören ist das Adjektiv „bedresse", das wörtlich zwar „beschissen" heißt, aber im Sinne von „schlecht, nicht wohl" verwendet wird.

fiese Möpp

Widerlicher Zeitgenosse. Wie die meisten derben Ausdrücke aber mit einem Augenzwinkern und nicht wirklich böse gemeint. Denn der „gemeine Hund" ist meist auch ein ziemlich gerissener Kerl.

Föttchesföhler

Fast immer ein männlicher Zeitgenosse mit einer zu großen Begeisterung für „Föttche" (Popöchen), so groß, dass er gerne mal daran packt („föhlt"). Besonders im Karneval.

Kalfakter

Diener. Bezeichnet in Köln aber Zeitgenossen, die sich penetrant einschmeicheln und über andere Personen hinter deren Rücken schlecht reden, um selbst gut dazustehen. Auch der klassische Streber kann gemeint sein.

Kraat

Ein meist nicht ganz sauberer Bursche, aber durch und durch kölsch. Der „Asi mit Niveau“ wie es Rocker Jürgen Zeltinger – selbst seines Zeichens kölsche „Vorzeigekraat“ – im gleichnamigen Song beschreibt. Übersetzt heißt es einfach Kröte.

Labbes

Großer, schlaksiger Typ mit eher schlechter Haltung und wenig Kraft. Auch jemand, der sich lässig geben will, aber meist nervt.

Lällbeck

Unerfahrener Junge oder junger Mann, der überall seinen Senf dazugibt: „Dä Lällbeck jitt üvverall singe Mostert dozo.“

Oos

Aas, Tierkadaver. Im übertragenen Sinn eine wenig schmeichelhafte Bezeichnung für eine durchtriebene Frau, ein Luder. Mit dem Zusatz „lecker“ wird das „Oos“ jedoch zum liebevollen Kosename für ein Kind.

Pellendresser

Ein sehr unfeines Wort für Menschen, die uns doch nur gesund machen wollen oder wahlweise pleite, also die Apotheker (wörtlich Pillenscheißer).

Pluutekopp

Wörtlich Lumpenkopf, davon abgeleitet eine Frau mit einer Frisur, die auf einen Unfall mit dem Föhn oder Lockenstab hindeutet. Zudem meist so geschminkt, als wären Rouge und Lippenstift mit der Paintball-Pistole aufgetragen worden. Kein Outfit fürs erste Date!

Poppekopp

Universalschimpfwort, das mit unzähligen Attributen geschmückt werden kann – ob blöd, „drecklig" (unsauber), „schäl" (schielend), „schlunzig" (ungepflegt), „flappohrije" (schlappohrig). Selbst wenn ein „Puppenkopf" nett anzusehen ist, hohl ist er in jedem Fall.

Erster Streit in einer jungen Ehe. Der Mann schmimpft: ***„Ich jläuv*** *(glaube),* ***du hälts mich wall*** *(wohl)* ***för ene vollkommene Blödmann, wat?"*** *Die Frau:* ***„Beeld deer*** *(bild dir)* ***bloß nix en, vollkommen es keiner!"***

Rabau

Ein „Rabau“ oder „Rabauke“ ist ein Tunichtgut, ein kleiner Schelm oder Filou. So richtig böse werden die Kölschen ja (fast) nie, wenn sie schimpfen.

Rölleköll

Ein wildes, freches Kind, das heute wohl zum Kinderpsychologen geschickt würde statt in „dä Bösch (den Wald) um ze haseliere (toben)“. Oder eine Frau, die den Herren der Schöpfung etwas zu selbstbewusst ist, also eine Emanze. In jedem Fall ein Wort „för ze schänge“ (zum Schimpfen).

Rotzbatterie/Nas

Riechorgan, Brillenhalter und Ziel des Taschentuchs. Der Gesichtsteil, den man in Düsseldorf – so die Meinung der Kölner – gerne etwas höher trägt: die „Nas“.

schäl

Wörtlich schielend, Synonym für schlecht. Name eines schwarzbefrackten kölschen „Orijinals“. Als „beste Fründ“ (Freund) von Tünnes über die Stadtgrenzen hinaus bekannt. Die beiden sind die Protagonisten zahlreicher Witze und als Stockpuppen im Hänneschen-Theater zu erleben. „Schäl Sick“ ist die Bezeichnung der rechten Rheinseite (siehe S. 45).

DOLL! DeR eHR NAS eS GRößeR UN HÄSSLiCHeR Wie De MiNG.
ZAKO
NeiD UNGeR Hexe

schänge

Das kann er, der Kölner – „schänge wie ein Kraat" (schimpfen wie eine Kröte). Auf Kinder: „Maat üch fott, he hadder nix verlore, ihr verdammte Pänz!" (Haut ab Kinder, hier habt ihr nichts verloren)! Auf die Obrigkeit: „Karrierejeil sitt ihr Versaager, sons nix. Ihr sitt widderlich." Aber auch über das „Räänwedder" (Regenwetter), „wärm Kölsch" und „kahl Zupp" (kalte Suppe).

Schlabberbotztünnes

Jemand, der beim Genuss eines „Hämmche" (siehe S. 62) mit Sicherheit die „Mostertzauß" (Senfsoße) oder „dä joode rude Wing" (den guten roten Wein) auf dem Beinkleid landen lässt. Und so wird aus kleckern („schlabbere") plus Hose („Botz") und „Tünnes" (siehe S. 96) ein lautmalerisches Schimpfwort.

Schönjepretzte

Ein Schönling, der ein bisschen nachhilft. Gegeltes Haar, manikürte Fingernägel, die neusten Klamotten, die er hoffentlich nicht in der Modemetropole an der Düssel gekauft hat. „Die weed hä doch wohl nit in Düsseldorf jekauf han?"

Dä Kölsche säht – Der Kölner meint

Zänkt üch nit, schloht üch leever.	*Jetzt kommt endlich zur Sache.*
Ich jläuve, et jeiht los!	*Pass lieber auf, sonst gibt's Ärger!*
Es et baal jot?	*Das ist die letzte Warnung!*
Jangk ens drieße!	*Verschwinde und lass mich in Ruhe!*
Du bes zo schad för de Jeisterbahn.	*Du bist unglaublich hässlich.*
Du fingks Saache, die hätt noch keiner verlore.	*Du bist ein Dieb.*
Du bes e keine!	*Du hast nix drauf!*
Dat mööt wih don!	*Deine Dummheit muss wehtun.*

Suffkraat

Der Kölsche „drink jään“ (trinkt gerne) die ein oder andere Stange Hopfensaft. Wer es aber übertreibt, ist ein Saufkopf. Erst wird er durch den Genuss des Bieres redselig: „Die Schnüss (Mund) steiht niemols still,“ da wegen der Flüssigkeitszufuhr ein Wortschwall herausgespült wird, dann wird „geschank“ (gemeckert) und manchmal gibt es – gegen Ende des Gelages – auch „Kasalla“ (siehe S. 116).

Tünnes

Der „Anton“ ist eine legendäre Puppe im Hänneschen-Theater (siehe „schäl“ S. 92). Geehrt sollte man sich allerdings nicht fühlen, wenn man mit „Ey, du Tünnes!“ angesprochen wird. Das ist nämlich nicht wirklich nett, sondern bedeutet: „Du Depp!“

Tütenüggel

Wörtlich Tütenlutscher, ein veritables Weichei. „Der hät doch bloß dat Bein jebroche, wat kriech (weint, jammert) der dann esu, dä Tütenüggel?“ Ein bisschen härter als „Tronedier“ (siehe S. 49), aber ernsthaft boshaft ist man am Rhein ja nie!

zänke

Streiten, zanken. „Mam, der Dscheromm-Käwwin deit zänke, der schmiess met Sand, dat es doch Biesterei.“ (Mama, der Jerome-Kevin tut zanken, der wirft mit Sand, das ist doch Schweinerei.) Der Junge mit dem neudeutschen Doppelvornamen ist eben ein „Zänkstivvel“ (Zankstiefel), jemand, der bewusst ärgert. Auch im „Rothuus (Rathaus) „weed sich jään (gern) ens jezänk“. Wie so oft gilt auch hier: Schuld sind immer die anderen!

Zantipp

In Anlehnung an die streitbare Xanthippe der griechischen Sage wird umgangssprachlich so der angetraute Hausdrache bezeichnet – selbstverständlich nur am Herren-Stammtisch.

Zebingemännche

Schmalhans, dünner Typ. So wurden die Hausierer genannt, die als Drahtbinder und Kesselflicker von Haus zu Haus gingen und fragten, ob es denn nichts „ze binge“ (zu binden) gebe. Ludwig Sebus sang: „Kom dat Zebingemännche durch Gass un Stroß, kom dat Zebingemännche, juhzten Klein un Groß. Hä fleckte Kanne, Kumpe, maht och manch Hätz parat, weil dat Zebingemännche e Hänche doför hat.“ (Kam das Zebingemännchen durch Gassen und Straßen, jubelten Klein und Groß. Er flickte Kannen und Schüsseln, machte auch manches Herz wieder ganz, weil der Kesselflicker dafür ein Händchen hat).

unjlöck
hät breid
Fööss.

Kapitel 5

Geflügelte Worte

Crashkurs

Was du da gemacht hast, wird nicht funktionieren.	*Wat do do jemaat häs, hält nor vun Zwölf bes Meddag.*
Damit man dir glaubt, ist Fantasie wichtiger als Fakten.	*Wat do verzälls, muss nit stimme, et muss nor schön sin.*
Wenn die Verdauung stimmt, ist auch die Stimmung gut.	*Us enem traurije Aasch kann kein löstig Fützje kumme.*
Weniger ist manchmal mehr.	*Wenn do nix häs, häs do och nix zo verleere.*
Jeder soll machen, worauf er Lust hat.	*Jedem Dierche sing Pläsierche.*
Das finde ich merkwürdig.	*Dat kütt mer evanjelisch vür.*
Einer, der dir wirklich hilft, ist besser als zwei, die es nur versprechen.	*Leever einer der met dir jeiht, wie fünf die nohkumme.*

Keine Sorge, die kleine Sünde ist nicht schlimm.	*Sei nit bang, der Herrjott süht alles, hä deit ävver nix verrode.*
Das ist nicht schön, aber selten.	*Ach kumm! E bessje scheiv es englisch!*
Dein Zimmer ist total unordentlich.	*In dingem Zemmer finge sibbe Katze kein Müüsje drin widder.*
Wenn du dich vor der Arbeit drücken willst, solltest du zumindest clever sein.	*Wer fuul es, muss klog sin.*
Das ist vollkommen unwichtig	*Do maachen se en Kölle kein Finster för op.*

Achte Jeissel Jottes

Lyrische Umschreibung für die verbotene Stadt rheinaufwärts, denn Düsseldorf kommt dem Kölner nur schwer über die Zunge. Neben den sieben biblischen Plagen ist die Nachbarstadt für den Kölner die achte und furchtbarste Geißel Gottes.

Ajuja!

Ein Ausruf der Freude. Zeigt, dass man gut drauf ist und Spaß am Leben hat. Ein altes Lied wird dazu gerne gesungen: „Ajuja, ajuja, jetz jeiht et widder ajuja, jetz jeiht et loss. Treck em e paar, treck em e paar, treck em e paar mem Reeme! – Ich hann däm Mädche nix jedonn, et wor ze stärk am rääne." Der Text enthält allerdings einige Zeilen, die zumindest verwundern: „... zieh ihm paar mit dem Riemen (...) Ich habe dem Mädchen nichts getan, es hat zu stark geregnet." Die Melodie ist aber eingängig. Wirklich!

Alaaf!

Auch wenn der Kölner am Rosenmontag nicht mehr vieler Worte mächtig ist: „Kölle Alaaf!" geht immer. Seit mehr als 300 Jahren der Balz- und (Froh)lockruf der Jecken. Ursprünglich bedeutete es so etwas wie „Köln über alles!", hat aber mittlerweile jeglichen Sinn verloren und wird deshalb einfach oft und laut gerufen.

D'r Zoch kütt!

Mit diesen drei Wörtern werden nicht etwa einfahrende Züge im Kölner Hauptbahnhof angekündigt, sie stehen auf einem Schild, das jedem Karnevalsumzug in Köln vorausgetragen wird. Der größte und wichtigste Umzug ist der **„Rusemondachszoch"** (Rosenmontagszug). Jährlich steht der Umzug unter einem anderen Motto, das mal mehr und mal weniger Gefallen findet. Rund 12.000 Menschen wirken am Rosenmontagszug mit. Bis zu 90 Kapellen, auch aus dem benachbarten Ausland, sorgen ebenso wie die Lautsprecher auf zahlreichen Tribünen am Wegesrand mit Musik für Stimmung. Bis zu einer Million Zuschauer verfolgen nach offiziellen Angaben den **„Zoch"**. Für die Zugteilnehmer heißt es auf dem 3 bis 4 km langen Weg übrigens: **„Kein Kölsch drinke!"** Absolutes Alkoholverbot! Am Sonntag präsentieren sich auf dem **„Zochwääch"** (Zugweg) bei den **„Schull- und Veedelszöch"** Schulklassen und Vereine aus den Kölner Stadtvierteln. Weitere Umzüge ziehen an allen anderen Karnevalstagen durch die Stadtviertel und Vororte. In vielen Jahren macht außerdem am Samstagabend der **„Jeisterzoch"** (Geisterzug) den alternativen Jecken Laune – entsprechendes Kostüm anziehen und mitlaufen!

Äppelche för der Doosch

Mit dem Äpfelchen gegen den Durst ist der Notgroschen gemeint. „Deiste beizigge spare (sparst du beizeiten), häste en der Nut (Not) e Äppelche for der Doosch."

Dat es ene jode!

„Das ist ein Guter!" Die ultimative Adelung und höchste Form der Anerkennung für Getanes oder Gesagtes – auch in der Kneipe für eine spendierte Runde. Meist verbunden mit einem Schulterklopfen und anerkennendem Nicken serviert.

Drieß op d'r Driss!

Das Kölsche hat hin und wieder auch brachiale Momente. So genügt im Domschatten kein schlichtes: „Das ist mir egal." Hier heißt es: „Scheiß auf den Scheiß!" Das sagt doch wirklich alles!

Drink doch eine met!

Universalbegrüßung in kölschen Kneipen, so wird zumindest gemeinhin behauptet. Aber auch im als oberflächlich verschrienen Rheinland muss solch eine Einladung erst verdient werden, wenn auch nur durch ein nettes: „Hallo!" Ganz wichtig: Unbedingt im Anschluss selbst einen ausgeben, sonst droht soziale Exkommunikation!

Dä Kölsche säht – Der Kölner meint

Annemie, ich kann nit mieh!	*Ich bin total kaputt!*
Dä hät jet an de Fööss.	*Der Typ hat viel Geld.*
Unjlöck hät breid Fööss.	*Pech kommt selten alleine.*
Die Trumm hät e Loch kräje.	*Ich hab irgendwie den Faden verloren.*
Do es de Zauß düürer wie et Fleisch.	*Der Schuppen ist viel zu teuer.*
Dä es vum Pääd op der Hungk jekumme.	*Der hat sein ganzes Vermögen verloren.*
Jemolte Blome ruche nit.	*Mehr Schein als Sein.*
Blos dir jet!	*Du kannst mich mal.*
Jeck loss Jeck elans!	*Jeder so wie er mag!*

Hä sök en Ääz un verbrennt en Kääz.

Eine Erbse suchen und dabei eine ganze Kerze runterbrennen lassen, das ist nicht effizient. Mit übertriebenem Aufwand eine viel zu geringe Wirkung erreichen.

Ich han et ärme Dier.

Das „arme Tier" ist mitnichten ein todkranker Wellensittich. Hier wird der Gemütszustand beschrieben. Denn ja, auch der Kölner kann ernst sein – sogar melancholisch. Aber zum Glück ist er in diesem Zustand nie allein: Er hat ja sein armes Tier dabei.

Krümmel en der Trööt

Wer sich Räuspern muss, hat in Köln keine grüne Amphibie im Rachen wie im Rest der Republik, sondern viel bescheidener nur einen Krümel im Hals.

Küsste hück nit, küsste morje.

Kommst du heute nicht, kommst du morgen – oder irgendwann, bringt das in Köln übliche flexible Verständnis von Termintreue auf den Punkt.

Kütt mer övver der Hungk, kütt mer övver der Stätz.

Wer über den Hund kommt, kommt auch über den Schwanz, will sagen, warum sich mehr anstrengen als erforderlich. Ein gutes Pferd springt nur so hoch, wie es muss.

Leever rich un jesund, als ärm un krank.

Warum einen schlechten Kompromiss eingehen? Lieber reich und gesund sein, als arm und krank. Die beste aller Alternativen!

Leck mich en de Täsch!

„Leck mich in der Tasche“, ergibt selbst beim zehnten Lesen keinen Sinn. Es ist sowohl ein Ausruf des Ärgers: „Verdammt noch mal!“ als auch des bewundernden Erstaunens: „Da sieh einer an!“

Mer muss och Jünne künne.

„Man muss auch Gönnen können.“ Für den Kölner Ausdruck totaler Neidlosigkeit. Wenn der Nachbar in Urlaub fährt, während man selbst die Stellung hält, lautet unweigerlich der Kommentar: „Mer muss och Jünne künne.“ Soll bedeuten: „Genießen Sie es!“ Verreist er aber das vierte Mal in einem Jahr, so wird eine gehörige Portion Ironie mitschwingen.

Zwei kölsche Putzfrauen bei der Arbeit. Die eine: ***„Ich mach Diät.“*** *Darauf die andere:* ***„Jot** (gut), **dann maach ich die Finster** (Fenster)***.“*** *– Ein klassisches Missverständnis, die zweite hatte nicht ans Abnehmen gedacht, sondern an den Fußboden:* ***„die Ääd.“***

ET DEIT MER LEID, ÄWER DING AHL ES NOCH NIT ÖWER DER BIRG. SE WEED DREI WOCHE NIT SPRECHE KÜNNE!
NOR DREI?
ZAK

met Aach un Kraach
Mit Müh und Not. „Met Aach un Krach han ich et jeschafff!“ (Ich hab es nur knapp geschafft.)

Noch nit lans Schmitz Backes sin.
Noch nicht über den Berg sein. Der Ursprung des Ausdrucks geht auf ein barbarisches mittelalterliches Ritual zurück, bei dem Straftäter durch die „Vringsstroß“ (Severinstraße) in der Kölner Südstadt Spießruten laufen mussten. Wer es bis zur damals dort ansässigen Backstube Schmitz schaffte, hatte das Gröbste überstanden – „dä wor övver der Birg“.

Un wenn de Düvvel op Stelze kütt.
Hat sich der Kölner etwas in den Kopf gesetzt, will er es um jeden Preis erreichen. Selbst wenn es unmöglich erscheint und wohl eher der Teufel auf Stelzen kommt.

Wenn de jeck weeß, fängk et em Kopp aan.
Der Fisch stinkt vom Kopf her, und wenn du verrückt wirst, fängt es gewöhnlich auch im Kopf an. Sehr pragmatisch, diese Kölner!

Wenn et nit ränt, dann dröpp et.
„Wenn es nicht regnet, dann tropft es.“ – Irgendwas passiert halt immer.

Kapitel 6

Däm Kölsche sing Musik

Crashkurs

Ich höre viel lieber Kölner Lieder als die aktuellen Charts.	*Hür mer op met dem aktuelle Krom, spill kölsche Tön!*
Beeilt euch, wir sind dran!	*Maat vüraan, mer sin ald dran!*
Könntet ihr etwas anderes spielen?	*Fott domet, spillt jet anderes. Flöck!*
Vielen Dank für diesen Auftritt, Auf Wiedersehen!	*Maat, dat er fott kütt!*
Den Bassisten haben wir ausgewechselt, der war zu lasch.	*Ne, dä Bassist wor nix, dä wor ne fuule Hungk!*
Der Veranstalter redet etwas viel.	*Dä Typ vun däm Lade he es ne Schwaadlappe.*

Spielt ihr noch eine Zugabe?	*Eine hat er noch drop!*
Das ist eine authentische Band.	*Die Kapell es ihrlich.*
Für diesen Auftritt haben wir wenig Gage bekommen.	*Mer han för ne Appel un e Ei jespillt.*
Toi, Toi, Toi! Wird schon schiefgehen.	*Wenn et klapp, dann klapp et.*
Wow! Der Gitarrist ist super.	*Leck mich en de Täsch! Dä Kääl an der Schrumm es jot!*
Das Essen bei dieser Veranstaltung schmeckt nicht so gut.	*Dä Fraass he kann mer keinem Äsel in et Oor schödde.*

Arsch Huh – Zäng ussenander

Musikerbewegung, die sich seit über 20 Jahren gegen Intoleranz und Rechtsradikalismus einsetzt. Von Auswärtigen müssen sich die Musiker oft Kölschtümelei vorwerfen lassen, aber sie schaffen es, die Menschen wach zu rütteln und für die Sache zu mobilisieren. „Denn gerad jetz jilt et: Arsch huh, Zäng ussenander!“ (Gerade jetzt gilt: Arsch hoch, Zähne auseinander!)

fiddele

Fiedeln. Egal, ob ein Star-Violinist in der Kölner Philharmonie gediegen Bach kredenzt oder ein Straßenmusikant Volkswaisen un(v)erkennbar auf einer kaputten Geige runterschrabbelt: „Wat fiddelt der Typ dann do?“

Flitsch

Eigentlich nur unspektakulär ein anderes Wort für Mandoline. Der große Hans Süper hat die „Flitsch“ aber zu einem eigenständigen Instrument erhoben. Neben der „Quetsch“ (Akkordeon) wohl das typischste Instrument der kölschen Musik.

Funkemarieche

Solotänzerin im offiziellen Karneval und einzige Quotenfrau in den traditionell reinen Männergesellschaften. Wird mit dem Befehl: „Marieche! Danz!“ vom Garde-Kommandanten auf der Bühne angeschaltet.

„Auf nem Bierdeckel" – Kölsche Musikszene

Die Musikszene in Köln ist wohl einmalig in der Republik. Es gibt eine große Anzahl an Bands, die sich ganz oder großteilig der Mundart verschrieben haben. Der Karneval sorgt für eine schier unüberschaubare Zahl an Veranstaltungen – im vierstelligen Bereich! Alle wollen mit Musik bespielt werden. Und da sich die bekanntesten Bands wie Brings, Höhner oder Bläck Fööss nicht vierteilen können, gibt es viel Platz auf den Bühnen in der Stadt und im Umland. Auch wenn es Menschen außerhalb des Domschattens völlig absurd erscheinen mag: Die Kölner Top-Bands absolvieren im Jahr gut und gerne 250 Auftritte in einem Umkreis, der meist kaum weiter als 30 Kilometer außerhalb des letzten „Köln"-Schildes endet. So muss Köln in Sachen Musik den Vergleich mit der bundesweiten Popszene nicht scheuen. Peter Brings brachte dieses Phänomen auf den Punkt: „Die Kölner Musikszene ist wie die nationale Popszene – nur auf 'nem Bierdeckel". Denn wenige Kilometer rheinabwärts ist bereits Schluss mit der musikalischen Vielfalt. Die Landeshauptstadt ist eher Mundartmusik-Diaspora. So müssen die Düsseldorfer auf Kölner Importe bauen, um ihre Veranstaltungen zu bespielen.

Kasalla

Abreibung, Ärger, Krawall – ein Wort mit einer sagenumwobenen Herkunft. Die wohl plausibelste Erklärung geht auf Zeiten zurück, als Lehrer unfolgsame Schüler noch äußerst handgreiflich auf den Pfad der Tugend zwingen durften. Zu diesem Zweck wurden die Lausbuben oft bäuchlings über den Tisch gelegt, um die Verabreichung der Tracht Prügel auf den Hintern zu erleichtern. Und was sahen die Jungs dann? Ein kleines, dreieckiges Messingschild mit der Aufschrift „Casala", dem Namen der Firma, die über lange Jahre im Rheinland einer der Hauptlieferanten für Schulmöbel war. Das Kunstwort ist aus den Initialen des Firmenbesitzers Carl Sasse und der Produktionsstätte Lauenau zusammengesetzt.

„Kasalla" – das war aber auch ein Album von Brings und damit musikalische Früherziehung für Basti, Flo, Ena, Nils und Sebi. Und so war der Bandname mit dem Segen von Peter Brings schnell gefunden. Als „Kasalla" gingen die Newcomer auf eine musikalische Reise – und sie waren offenbar zur richtigen Zeit am richtigen Ort. Brauchen Kölner Bands in der Regel viele Jahre, um einen Fuß in den Karneval zu bekommen, hatte Kasalla viel Schwein und den richtigen Song: „Pirate".

Kayjass Nummero Null

Kaum einer in Köln weiß, wo sie liegt, und dennoch ist sie stadtbekannt: die Kaygasse. Heute die Anschrift des noblen Hotels im Wasserturm. In Nummer 0 soll laut einem alten Karnevalslied, das jeder Kölner mitschmettern kann, eine Schule gestanden haben, an der ein Lehrer namens Welsch – den gab es tatsächlich – ganz besonders einleuchtend Algebra unterrichtete: „Dreimol Null es Null es Null". Pure Logik, oder?

Kölschrock

Unglaublich, welcher Coup BAP mit Bandleader Wolfgang Niedecken in den 1980er-Jahren gelungen ist. Ihr Hit „Verdamp lang her" wurde deutschlandweit in Discos gegrölt – auch wenn keiner den Text auch nur annähernd verstand: „E bessje jet hann ich kapiert" (Ein wenig habe ich verstanden). Kölsch war salonfähig, Kölschrock war cool. Inzwischen lastet ihm unverdient der Beigeschmack des bieder-piefigen an.

Klavezimbel

Verächtliche und spöttische Bezeichnung für ein Klavier. Klar, ein Instrument, das nicht im Karneval auf der Bühne steht, ist dem Kölner suspekt. Auch als Verb zu benutzen: „Wat es dä do am klavezimbele?" (Was klimpert der denn da?)

Dä Kölsche säht – Der Kölner meint

Hokt üch links un rääts ein!	*Einhaken, jetzt wird geschunkelt!*
Spill jet för et Hätz!	*Los, spiel ein Lied in dem das Wort „Köln“ vorkommt!*
Ne, die wore mer ze laut.	*Da war eine E-Gitarre auf der Bühne!*
Dä Trommler hät jet en de Maue.	*Kräftiger Kerl, der Schlagzeuger.*
Hück spille mer janz höösch.	*Heute lassen wir es auf der Bühne ruhig angehen.*
Dä Sänger es ävver ne Schönjeföhnte.	*Der Sänger hält sich aber für sehr attraktiv.*
Ovends danze un springe, morjens de Botz nit finge.	*Wer feiert, muss auch arbeiten können.*

HOKT ÜCH LINKS UN RÄÄTSEIN!
ZAK

Kleeblatt
Bezeichnung für die großen fünf Kölner Bands: Bläck Fööss, Höhner, Brings, Paveier und Räuber. Sie teilten in den letzten 30 Jahren gefühlt 90% aller Karnevalshits unter sich auf. Nicht zu Unrecht!

Krätzje
Urigste Darbietungsform kölscher Musik. Musikalische Alltagsschwänke à la Horst Muys und Ludwig Sebus oder heutzutage Köster/Hocker mit schrägen Wendungen und vielen bewussten Pausen im Vortrag. Meist nur von der „Flitsch“ (siehe S. 114) begleitet. Anders als die meisten der klassischen Schunkellieder im Dreivierteltakt nicht ganz ohne Gehirn zu genießen.

Literaten
Jede Karnevalsgesellschaft hat einen sogenannten „Literaten“, der das Programm für die Sitzungen zusammenstellt, Büttenredner, Bands und Tanzgruppen bucht. Damit sind diese Männer (und eine Frau!), die sich selbstironisch Mafia nennen, die mächtigsten Drahtzieher im Kölner Karneval. Die alljährlichen Buchungsrunden ähneln Viehmarktauktionen. Die Anzahl der Vorspieltermine ist ein gutes Indiz für den aktuellen Marktwert der einzelnen Kapellen und Künstler.

Nit schön, ävver laut!

Der **„kölsche Fastelovend"** bewahrt Traditionen und ist daher naturgemäß allem Neuen gegenüber oftmals skeptisch, frei nach § 6 des Kölsche Jrundjesetz: **„Kenne mer nit, bruche mer nit, fott domet"** (siehe S. 8). Als die Bläck Fööss ihre ersten Auftritte im Karneval machten – mit langen Haaren und nackten Füßen –, ging ein Aufschrei durch die Säle. Nichts anderes passierte, als Brings auf die Bühne kam, rockigere Töne anschlug und damit den Weg für neue Entwicklungen ebnete. Viele junge Bands entdecken die Mundart wieder für sich. Aber auch wenn sich der Karneval heute moderner und offener präsentiert, es gibt sie zum Glück noch, die urigen Präsidenten, die aus ihrer Abneigung keinen Hehl machen und launige Abmoderationen für die Ewigkeit ins Mikro grummeln: **„Dat es dä neue Karneval – nit immer schön, ävver** (aber) **laut!"**

Loss mer singe!

Die Veranstaltung „Lass uns singen" ist das Guerilla-Marketing für neue Karnevalssongs. In gut 30 Kneipen stimmen sangesfreudige Menschen über ihren Hit der Session ab. Unbedingtes Muss für alle Imis (siehe S. 26), die kölsche Kultur schnuppern wollen.

neunzig Sekunden

Mystische Zeitspanne, die den Bands bei Karnevalssitzungen zugestanden wird, ihren Auftritt vorzubereiten. In weniger als zwei Minuten müssen die Musiker einsatzbereit auf der Bühne stehen und die Helfer – in Manier der Kölner Heinzelmännchen – alles verkabelt und aufgestellt haben. Mehr Zeit ist nicht! Kollegen aus der „normalen" Musikwelt glauben nicht, dass das geht. Stimmt aber!

Paveier

Ein Beruf, den es schon lange nicht mehr gibt: der Straßenpflasterer. Die gleichnamige Kölner Band bewahrt das Wort vor dem Vergessen. Höchste Zeit, dass sich Bands „Bandsalat" oder „Videothek" nennen.

schunkeln

Der Kölschen liebste Sportdisziplin, das rhythmische Hin- und Herwiegen im Dreivierteltakt. Arme bei Nebenmann oder Nebenfrau einhaken und ab von links nach rechts. Sieht aus wie ein jahrtausendealter Stammestanz oder der Versuch, kollektiv das Gleichgewicht zu halten. Die Wahrheit liegt irgendwo dazwischen.

Session

Der gesamte Karnevalszyklus vom 11. im 11. bis Aschermittwoch. In diesen knapp drei Monaten spielen die meisten der kölschen Kapellen über die Hälfte ihrer Jahresauftritte. Da kommen gerne auch mal sechs und mehr

Auftritte an einem Abend zusammen. Daher haben die Musiker vor der „Session“ ähnlichen Respekt wie ein Bergsteiger vor dem Mount Everest.

Stippeföttche

Es ist eine Szenerie, die bei Nicht-Kölnern unverständiges Kopfschütteln auslöst. Gestandene Mannsbilder in Uniformen stellen sich leicht gebückt Rücken an Rücken und reiben zu den Klängen des Marsches „Ritsch, ratsch – de Botz (Hose) kapott“ ihre Hintern rhythmisch aneinander. Eine einzigartige Persiflage militärischer Rituale!

Trööt

Sammelbegriff für alle Blasinstrumente. Eigentlich eine kleine Kindertrompete, wird aber der Einfachheit halber auch für richtige Trompeten oder Posaunen benutzt. Die machen ja schließlich alle „trööt“. Zudem Bezeichnung der Kehle, die auch trompeten kann.

Trömmelche

Was für den Rattenfänger aus Hameln die Flöte, ist für den Kölschen das „Trömmelche“ (kleine Trommel) oder die „decke Trumm“ (große Trommel). Wenn sie zu hören ist, stehen alle bereit, dann fliegt die Kuh. So will es zumindest ein großer Kölner Evergreen: „Denn wenn et Trömmelche jeiht, dann stonn mer all parat.“

Tusch

Das musikalische Ausrufezeichen auf Karnevalssitzungen. Meist von der Saalkapelle angestimmt, weist es bei Rednern auf die Pointe hin: „Dat wor witzig!" – ähnlich den Retortenlachern in amerikanischen TV-Sitcoms. Für Bands ist es nach dem Einmarsch das Zeichen anzufangen: „Loss, spillt!" (Los spielt!)

Vorstellabende

Alljährliche Version von „Deutschland sucht den Superstar" auf Kölns Bühnen. Die großen Karnevalsvereine bieten Bands dabei die Möglichkeit, ihre neuen Lieder vor ausgewähltem Publikum und den „Literaten" (siehe S. 120) zu testen. Die Stimmung bei diesen Veranstaltungen ist berühmt-berüchtigt. Weil meist nicht vorhanden.

Willi Ostermann

Der Übervater der kölschen Liedermacher. Er schrieb im Sterbebett sein letztes und bekanntestes Lied über seine Heimatstadt: „Ich mööch zo Foß no Kölle jon." (Ich möchte zu Fuß nach Köln gehen). Die melancholische Melodie ist längst die inoffizielle Stadthymne und rührt jedes Mal zu Tränen. Ehrlich!

Fußball
Duft
Mariechen

Kapitel 7

Geschichten & Geschichte

Prinz Poldi

Heinzelmännchen

Et wor ens ...

Köln ist eine alte Stadt. Wirklich richtig alt! Ihre Gründung liegt sogar länger zurück als der Beginn der Bauarbeiten zur Nord-Süd-Stadtbahn vor einer gefühlten Ewigkeit*. Kaum zu glauben!
Knapp 40 Jahre (manche sagen 19 Jahre) vor unserer Zeitrechnung schlugen am Rhein ein paar Römer ihre Zelte auf – und sind dann geblieben. Die Siedlung erhielt den Namen „Colonia Claudia Ara Agrippinensium", was nichts anderes bedeutet als: Stadt römischen Rechtes der Agrippinenser, unter Kaiser Claudius gegründet am Ort des Altars für den Kaiserkult. Wussten Sie sicher noch aus dem Lateinunterricht. Da Abkürzungen auch schon vor 2000 Jahren angesagt waren, wurde aus dem sperrigen Gebilde ein knackiges CCAA.
Aber dieses Buch soll ja keine von einem Laien zusammengeschusterte Chronik der Kölner Geschichte sein – vermutlich würde es dann auch keiner kaufen –, weshalb wir nun im Schnelldurchlauf die Jahrhunderte vorspulen. Da stehen wir jetzt also im Jahr 2018. Aus dem komplizierten römischen Ortsnamen ist ein knappes „Kölle" geworden. Statt Latein, später Französisch, auch das Rheinland hatte dem napoleonischen Eroberungswahn nichts entgegenzusetzen, oder – um Himmels willen! – Hochdeutsch „weed kölsch jeschwaad" (wird Kölsch gesprochen). Und die Stadt, die zwischen Provinz und Metropole hin- und herschwingt, hat eine Vielzahl an Geschichten, Sagen, Legenden – und vor allem Originale hervorgebracht. Die

folgende – absolut subjektive – Auswahl stellt einige vor und bietet das Rüstzeug für längere Besuche an den Theken der Stadt.
Mit der ein oder anderen Anekdote werden Sie gleich beim ersten Besuch in einer kölschen „Weetschaff" (Kneipe) verlässlich punkten können. Sogar mancher der üblicherweise wortgewaltigen „Köbesse" (Kellner im Brauhaus) wird kurz vor Überraschung verstummen, wenn er von einem „Imi" (imitierter Kölner, Zugezogener) so tiefe Einblicke in die illustre Vergangenheit der Stadt „aan der Kopp jeknallt" (an den Kopf geschmissen) bekommt.

**Sie haben diese leicht frustrierte Anspielung auf die Dauer von Bauprojekten am Rhein verstanden? Glückwunsch! Sie sind schon gut integriert.*

Crashkurs

Das kann ich mir nicht alles merken.	*Ich han keine Kopp wie der Nümaat.*
Das ist maßlos übertrieben.	*Dat es jerechnet wie die elfdausend Jungfraue zo Kölle.*
Außen Hui, innen Pfui.	*Et blenk wie Becherjassejold.*
Der Saufkopf betrinkt sich wahllos.	*Dä Suffkraat jagt alles durch de Drankjass.*
Schuster, bleib bei deinen Leisten!	*E Drohtseil kenne un drop danze, sin zwei Saache, zwesche denne mer sich ärch wieh dun kann.*
Der Wirt sitzt in seinem Glaskontörchen.	*Dä Weet sitz em Bichstohl.*

Der Filou hat sich heimlich aus dem Staub gemacht.	*Dä Rabau hät sich op französisch verdröck.*
Warte nur ab, das dicke Ende kommt noch.	*Du bes noch nit lans Schmitz Backes.*
Mit einem guten Wort kann man einen armen Menschen drei Wintertage lang wärmen.	*Met enem jode Woot kann mer ne arme Minsch drei Winterdag wärme.*
Ohne Fleiß kein Verschleiß.	*Zu Dud jearbeit, es och jestorve.*
Seine Frau hat ein Gesäß wie ein Brauereipferd.	*Sing Ahl hät e Föttche we e Sesterpääd.*

Verzällcher

Die einen sagen „Quatschverzäll" (sinnloses Gerede), die anderen Märchen. Aber in allen diesen Geschichten steckt, neben einem Körnchen Wahrheit, vor allem jede Menge Kölner Lebensart. Jede dieser Storys zeigt wie unter einem Brennglas konzentriert ein Stück kölscher Kultur und gibt Einblicke in das Selbstverständnis der Menschen in der Domstadt.

Die heilige Ursula und ein Übersetzungsfehler

Ursula, eine britische Adelstochter und dazu überaus fromm und keusch, hat sich mit einem großen Auftritt ihren Platz in den kölschen Geschichtsbüchern gesichert. Zusammen mit 11000 ebenso frommen Freundinnen war sie irgendwann im 4. Jahrhundert auf Europareise. Vor den Toren Kölns stießen die Mädels auf einen martialischen Hunnenfürsten, der mit seiner Truppe auf Beutezug war. „Et hillije Kölle" (heilige Köln) mit all seinen Schätzen war Ziel seiner Begierden. Furchtlos stellte sich ihnen Ursula in den Weg und sagte voller Gottvertrauen: „An uns kommt ihr nicht vorbei." Kamen sie dann aber doch und Ursula und ihre Mitstreiterinnen sagten leise „Adjüs". Der geflügelte himmlische Beistand hatte dummerweise seinen Einsatz verpennt, nahm dann aber furchtbare Rache an den Hunnen. So wurde Köln vor der Zerstörung gerettet.
Ein kleiner, fast lächerlicher Schönheitsfehler: Das fromme Adelsfräulein hat es wohl nie gegeben. Zudem geht die Zahl 11000 auf einen Lesefehler zurück.

Ursprünglich war nur von elf Gefährtinnen die Rede, aber dann hat wohl ein „Strunzbüggel“ (Angeber) an der Überlieferung mitgearbeitet. Macht alles nichts, die sagenhafte Ursula ist für immer untrennbar mit Köln verbunden: als Stadtpatronin und in Form von elf Tränen – oder je nach Belieben Flammen – im kölschen Stadtwappen.

Dombaumeister Gerhard – Ente gut, gar nix gut

Der Kölner Dom ist in vielerlei Hinsicht echt imposant: seine schiere Größe, seine wuchtige Architektur, natürlich auch die Jahrhunderte währende Bauzeit. Und kaum schien er 1880 endlich vollendet, wurde er zur ewigen Baustelle. Wer jetzt denkt: „Klar, die Kölschen! Die bekommen nix pünktlich gebacken“, der liegt nicht komplett falsch. Doch einige widrige Umstände sorgten auch extern dafür, dass die überdimensionierte Kapelle nicht ganz pünktlich schlüsselfertig übergeben wurde. Kein geringerer als der Teufel höchstpersönlich hatte dabei die Hände im Spiel. Zumindest wenn man der Legende glauben mag, die sich um den ersten Dombaumeister Gerhard rankt.

Der war ein talentierter, aber auch ziemlich penibler Mann, ein echter „Nöttelefönes“ (mürrischer, nörgeliger Mensch). Den Dom wollte er im Eiltempo errichten und war offenbar von seinem Wissen und seinen Fähigkeiten so überzeugt, dass er sich sogar mit dem Teufel auf einen Wettstreit einließ: Er werde seinen Job erledigt haben, bevor der Teufel eine Wasserleitung aus der Eifel bis zum

Dom gebaut habe. Die inhaltlichen Einzelheiten sind nicht so spannend, außer für Studierende der mittelalterlichen Baukunst. Auf jeden Fall verlor der Meister die Wette. Als er eines Abends auf Kontrollgang im unvollendeten Südturm unterwegs war, hörte er unter sich in der Baustelle Entengeschnatter. Ihm war sofort klar, der Teufel hatte ihn überlistet. Voll Verzweiflung stürzte sich Gerhard in die Tiefe. Noch im freien Fall wurde er vom Teufel in der Gestalt eines Höllenhundes gepackt. Tatsächlich fiel der narzisstische Meister jedoch ganz profan vom Baugerüst.

Heinzelmännchen, übernehmen Sie!

Vorurteile gibt es über Kölner ja viele. Aber penible Genauigkeit und übertriebener Arbeitseifer gehören wohl eher nicht zu den Eigenschaften, die man ihnen andichtet. Passt also ganz gut an den Dom, diese Sage. In Gedichtform brachte sie – man staune – der Breslauer August Kopisch zu Papier.

Von per Smartphone gesteuerten Staubsaugern und anderen Haushaltsgeräten konnten die Kölner früherer Tage nur träumen. Sie mussten schon auf sagenhafte Superzwerge hoffen, wenn ihnen die Arbeit über den Kopf wuchs: die Heinzelmännchen. Die kleinen Hausgeister mit Zipfelmütze mochten es allerdings gar nicht, wenn man ihnen bei der Arbeit zusah. Und so warteten sie, bis alle Menschen der Stadt schliefen, um ungestört ans Werk gehen zu können.

„Wie war zu Cölln es doch vordem,
mit Heinzelmännchen so bequem!
Denn, war man faul. man legte sich,
hin auf die Bank und pflegte sich."

Jetzt fragen Sie sich bestimmt, warum von diesen Wunderknirpsen nichts mehr zu sehen und zu hören ist. Wie schön das wäre! Tja, klassisches Eigentor. Vor lauter Vorwitz stellte die Frau des Schneiders den Fachkräften aus dem Fabelreich eine Falle. Sie streute Erbsen aus, auf denen die Wichte polternd ausrutschten. So ertappt und dem (Kerzen-)Licht der Öffentlichkeit ausgesetzt, verschwanden die Heinzelmännchen auf Nimmerwiedersehen.

„O weh! nun sind sie alle fort,
und keines ist mehr hier am Ort!
Man kann nicht mehr wie sonsten ruh'n,
man muß nun alles selber tun!

Jan & Griet – hätte, hätte, Fahrradkette

Die beliebteste Romanze in Köln, eine rheinische Version von Romeo & Julia, ist die Geschichte von Jan & Griet. Der Knecht Jan betete die schöne Magd Griet an. Die aber hatte wenig Interesse am unscheinbaren Jan und träumte von einem Leben mit dem großen Löffel – einem feinen und betuchten Herrn. So verschmäht, lässt Jan alles stehen und liegen und zieht mal eben in den Dreißigjährigen Krieg. Ohne Liebe hat ja alles eh keinen Zweck. Mit der

Enttäuschung über den Korb und Wut im Bauch verteilte er massenweise „Knallzijare“ (Backpfeifen) und wurde schnell befördert. Als der gefeierter General Jan von Werth zog er ein paar Jährchen später auf einem stolzen „Pääd“ (Pferd) wieder in Köln ein. Unter der jubelnden Menge befand sich natürlich auch Griet. Begeistert vom sozialen Aufstieg ihres einstigen Verehrers erkannte sie ihren schweren Fehler und rief: „Jan, wer et hätt jewoss!“ (Jan, wer das gewusst hätte!). Der lehnte aber dankend ab: „Griet, wer et hätt jedonn!“ (Griet, wer es getan hat!). Wer das Wiedersehen des unglücklichen Liebespaars einmal hautnah miterleben möchte, hat jedes Jahr an „Wieverfasteloovend“ (Weiberfastnacht) Gelegenheit dazu. Die Szene ist fester Bestandteil des Kölner Karnevals und wird traditionell im Schatten der Severinstorburg aufgeführt.

Orijinale un Type

Wenn eine Stadt 2000 Jahre Geschichte auf dem Buckel hat, bringt sie viele einmalige Gestalten hervor: vom Kanzler bis zum Fußballgott. Viele der Originale stammen aus der Zeit, als Köln noch überschaubar war, ein in sich ruhendes dörfliches Universum. Dessen Charaktere samt ihrer Spitzamen sind bis heute lebendiger Teil der kölschen Kultur.

Adenauer

Ein Kanzler mit kölschem Zungenschlag und ein Mann, der seinem Spitznamen „der Alte“ zur Ehre gereichte. 1949 wird Konrad Adenauer mit 73 Jahren zum Chef der jungen Bundesrepublik gewählt und regiert 14 Jahre lang von der provisorischen Hauptstadt Bonn aus das Land. Viel Zeit, um reichlich Sprüche und Bonmots zu hinterlassen, die viel über den „kölschen Jung im Kanzleramt“ verraten. Hier ein paar Beispiele:

- „Wat kümmert mich ming Jeschwätz von jestern?“
  (Was kümmert mich mein Geschwätz von gestern?)
- „Nemmt de Minsche wie se sin, andere jitt et nit.“
  (Nehmt die Menschen, wie sie sind, andere gibt es nicht.)
- „Wenn zwei Minsche immer et selve sage, sin se beide zo nix zo jebrauche."
  (Wenn zwei Menschen immer die gleiche Meinung haben, taugen beide nichts.)

Wir leben alle unter dem gleichen Himmel, aber wir haben nicht alle den gleichen Horizont.
Besonders gerne zitieren linksrheinische Kölner die Ansicht des Altkanzlers, dass im rechtsrheinischen Deutz der Bolschewismus und hinter Kassel die Wallachei beginne. Für den Ur-Kölner Adenauer gab es auf der „schäl Sick“ (schielende, falsche Seite) nicht viel Gutes.

Bolze Lott

Eine Frau, wie es sie nur selten gab, selbst in der für schräge Typen bekannten Stadt. Früh verwitwet, musste sie sich alleine durchschlagen und tat das vor rund 120 Jahren mit Raffinesse, Gaunerei und einem sehr losen Mundwerk. Als „Käzemöhn“ (Kerzenverkäuferin) in einer Kirche „betuppte“ (betrog) sie die frommen Kirchgänger um ihr Geld. Das kam nicht so gut an und sie war diesen Job schnell wieder los. Danach fiel „et Lott“ fast nur noch durch die impertinente Art und Weise auf, mit der sie auf offener Straße über ihr Schicksal „lamenteete“ (laut wehklagte): Flüche und Unflätiges, das hier wirklich nicht wiedergeben werden kann. Auch Priester bekamen den Zorn der Unzufriedenen zu spüren: Im Winter fragte ein Kirchenmann die bettelnde Lott: „Hatt ehr ald jett kräje?“ (Hast du schon etwas bekommen?) Ihr kühler Konter: „Eja, en kahl Fott!“ (Ja, einen kalten Hintern!)

Bullewuh

Hieronymus Blau, genannt „Bullewuh“ sorgte als städtischer Wegeaufseher für Ruhe und Ordnung. Also ähnlich wie die „Sheriffs“, die heute in der KVB (Kölner Stadtbahnen) patrouillieren. Mit einer grünen Försterkappe als Dienstmütze und einem Stock in der Hand wachte er an der „Eigelsteinpooz“ (Eigelsteintor) in der nördlichen Altstadt. Sein strenges Regiment machte auch vor den Kleinsten nicht halt. Und wenn er die „Pänz“ (Kinder) mit seinem Stock drohend mal wieder ermahnte, riefen diese ihm zu: „Bulle-Bullewuh, hau die Kinder nit esu!“ (Bulle-Bullewuh, schlag die Kinder nicht so!)

der lange Tünn

Anton Claaßen ist in der Stadt bekannt wie ein bunter Hund. Er ist ein Überbleibsel des „Miljös“ (Milieu, Unterwelt), sozusagen ein lebendes Museumsstück. Der „lange Tünn“ (langer Anton), wie er aufgrund seiner Körperlänge getauft wurde, hat viel „zo verzälle“ (zu erzählen). Und tut das voll Begeisterung und oft. Sogar zum Talk bei Schulz und Böhmermann war er eingeladen. Von Zeit zu Zeit ist der inzwischen über Siebzigjährige in den Kneipen der Stadt anzutreffen. Auch die Lokalpresse befragt ihn immer wieder gern zu speziellen Themen. Inzwischen bietet die „Miljö“-Legende sogar Stadtführungen an und zeigt Interessierten die Schauplätze seiner wilden Zeit.

Doctor Schabaudewing

Eine medizinische Karriere ganz „op kölsche“ (auf kölsche) Art legte im 19. Jahrhundert Melchior Bauduin hin. Ohne irgendeine Art von Abschluss schaffte er es als Arzt in den Frauenknast. Nebenbei behandelte der bekannte

Schäl erzählt stolz: ***„Ich ben jenau an däm Daach jeboore, an däm dä Konrad Adenauer jestorve is.“*** *–* ***„Jojo“,*** *nickt Tünnes:* ***„Ein Unjlöck kütt nie allein!“***
(„Ich bin am selben Tag geboren, an dem Konrad Adenauer gestorben ist.“ – „Ja, ja“, nickt Tünnes: „Ein Unglück kommt selten allein!“)

und beliebte Eigenbrötler in den Straßen der Stadt die Armen – gerne mit „Goldtröpfchen“, also Hochprozentigem. Und dem Geist aus der Flasche war der gute Mann auch selber nicht abgeneigt. Die Vorliebe für „Schabau“ (Branntwein) und „Wing“ (Wein) brachte ihm dann auch folgerichtig den Spitznamen „Doctor Schabaudewing“ ein. Ob die Liebe zu gebrauten, gekelterten und gebrannten Tropfen daran Schuld war, dass der etwas andere Arzt seinen Zylinder konsequent in der rechten Hand statt auf dem Kopf trug, ist nicht überliefert.

Fressklötsch

Johann Arnold Klütsch, Anfang des 19. Jahrhunderts ein ehrbarer und beliebter Bürger der Stadt, war ein imposanter Mann. Zahlreiche Anekdoten befassen sich vor allem mit seinem exorbitanten Bedürfnis nach Nahrhaftem. Er konnte wahrhaftig unglaublich viel „verdröcke“

(essen). Hätte es zu seiner Zeit schon „All you can eat"-Restaurants gegeben, Klütsch hätte sie ratzeputz leer gemampft. Daher auch sein Spitzname, der bis heute einen Menschen mit kerngesundem Appetit bezeichnet. Beispiel gefällig? Um den Einfuhrsteuern für Käse zu entgehen, die übereifrige Zöllner von ihm forderten, verputzte er ein ganzes Rad Käse vor den Augen der verdutzten Ordnungshüter. Na gut, ob es wirklich ein ganzes Rad war oder ob die Jahre und Überlieferungen hier etwas nachgeholfen haben, weiß man nicht, aber es müssen wirklich riesige Mengen gewesen sein.

Kardinal Frings

Bis heute wird der ehemalige Kölner „Ätzbischof" (Erzbischof) in der Stadt hoch verehrt, ob man nun katholisch ist oder nicht. Legendär ist seine Silvesterpredigt 1946. Als er in der Riehler Kirche St. Engelbert, auch als Zitronenpresse bekannt, seine hungernden und frierenden Schäfchen vor sich sah, gab er ihnen quasi von der Kanzel hinab den kirchlichen Segen zum „Klüttenklau" (Kohle stehlen). Damit war das Wort „fringsen" geboren und der Kardinal ein neuer Volksheld. Wenn man sich fortan aus Not lebensnotwendige Dinge illegal besorgte oder eine Kleinigkeit unbezahlt mitgehen ließ, hieß es: „Wor's de fringsen?"

Lehrer Welsch

„Dreimol Null es Null, bliev Null." Diese arithmetische Zauberformel haben die Vier Botze (Vier Hosen), eine

Gesangsgruppe, die zwischen 1933 und 1961 vor allem mit Schlagern und im „Fastelovend" (Karneval) auftrat, fest ins Mitsingerbe der Stadt eingeschrieben. Die bestechende Logik lehrt in dem Evergreen ein gewisser Lehrer Welsch. Und diese Lehrkraft ist mitnichten eine Erfindung des einfallsreichen Liedtexters. Heinrich Welsch unterrichtete Ende des 19. Jahrhunderts tatsächlich an einer Kölner Schule, allerdings nicht in der besungenen Lehranstalt in der „Kayjass" (Kaygasse) in der Innenstadt, sondern im rechtsrheinischen Stadtteil Kalk. Dass ihm einmal ein musikalisches Denkmal gesetzt werden würde, hätte er sich wohl nicht träumen lassen.

Lommerzheim

So hieß der Begründer und grummelige Kultwirt der kölschesten aller Kölschkneipen, der er auch gleich seinen Namen gab. Bekannt war das Lommerzheim in Köln-Deutz für seine extra dicken Kottelets. Bekannt war es auch wegen seiner baufälligen Fassade. 45 Jahre führte Hans Lommerzheim gemeinsam mit seiner Frau die einfache, gutbürgerliche „Weetschaff" (Kneipe). An Renovierung hat das Wirtsehepaar in all dieser Zeit offensichtlich nie einen Gedanken verschwendet. Seine Stammgäste waren Hans Lommerzheim heilig. So heilig, dass im Fall des Falles sogar ein amerikanischer Präsident zurückstehen, d. h. draußen bleiben musste. So geschehen während eines Köln-Besuches von Bill Clinton 1999, der im „Lommi" einkehren wollte. Seine Entourage fragte beim Wirt an, der lehnte ab. Dann müsste ja der ganze Laden abgesperrt werden und die Stammgäste draußen bleiben: „Nä, dat jeiht nit!“ (Nein, das geht nicht!) Nachdem Hans Lommerzheim den Zapfhahn für immer zugedreht hatte, konnte seine Kneipe 2008 Wiedereröffnung feiern: derselbe Name, fast der gleiche morbide Charme, nur ohne die Inkarnation des kölschen Wirtes. „Sulang beim Lommi die Leechter noch brenne, sulang stirv der Kölsche nit us.“ (So lange beim Lommi noch die Lichter brennen, so lange sterben die Kölner nicht aus). So sang die Newcomer-Band Miljö 2015 in ihrem Überraschungshit. Treffender könnte die kölsche Institution nicht beschrieben werden.

Müllers Aap

„Peter Müller? Größte Kölner Boxlegende? Nie gehört!“ Bei dem Namen „Müllers Aap“ (Affe) – oder einfach „dä Aap“ – macht es jedoch bei den meisten Kölnern klick. Das knautschige Gesicht, das beeindruckende Haarkleid auf der Brust und die Unbeherrschtheit brachten Müller nicht zu Unrecht diesen Spitznamen ein. Berühmtheit erlangte der stämmige Faustkämpfer aber nicht in erster Linie wegen sportlicher Erfolge, obwohl er immerhin fünfmal deutscher Meister war, sondern wegen seines Temperaments und vor allem wegen seiner „Schnüss“ (Mundwerk), die ihn als waschechten kölschen „Jong“ (Junge) auszeichnete. Unvergessen besonders der Moment, als er in einem Meisterschaftskampf nach einer Ermahnung einfach mal kurz den Ringrichter auf die Bretter schickte und später trocken kommentierte: „Dann hab ich ihn ausgemacht.“ Oder seine Auftritte als

Sänger im Kölner Karneval während seiner Sperre nach dem fehlgeleiteten KO. Lieder wie „Rädebomm, dä Jong dä fällt nit om …“ (Radebumm, der Junge fällt nicht um), haben es aber nicht so ganz in den kölschen Liederkanon geschafft.

Prinz Poldi

Exemplarisch für alle mythischen Heldengestalten, die der 1. FC Köln im Laufe seiner Vereinsgeschichte ins kollektive Fußballgedächtnis eingebrannt hat, steht in der jüngeren Vergangenheit Lukas Podolski. Poldi. Der Prinz. Ein Junge mit einer linken Klebe wie Thors Hammer und einer „Schnüss em Kopp“ (Mundwerk), die ohne auch nur den kleinsten Schlenker geradeaus ist. Fußball-Puristen werden nun sicher einwenden: „Ja, aber, … “ und auf fußballerisch vielleicht noch gewichtigere Recken wie etwa Wolfgang Overath verweisen. Den Rang aber, den sich Lukas Podolski in der Stadt erarbeitet – und erlächelt – hat, ist einmalig. Nicht nur seine Fans halten ihn hoch, weil er die Liebe zu „seiner“ Stadt überall und stets mit makelloser Inbrunst artikuliert. Selbst wenn er inzwischen in Japan kickt und in Köln zurzeit meist nur landet, um Eisdielen oder Dönerbuden zu eröffnen – oder seinem FC im Stadion die Daumen zu drücken: Der Typ ist Herzens-Kölner bis in die letzte Faser seines linken Wunderschlappens. So ist Poldi für die (meisten) Kölner unantastbar.

Dä Kölsche säht – Der Kölner meint

Bei däm ränt et Weckbrei.	*Der ist stinkereich.*
Ränt et op Zint Pitter Daach, ränt et op Zint Zillje Daach.	*Das ist gehupft wie gesprungen.*
Et jeit em erenn, wie ne Vikarjes en der Dom.	*Er kann unfassbare Mengen essen und trinken.*
Die Äppel hät hä beim Nohber gefringst.	*Die Äpfel hat er beim Nachbarn gemopst.*
Hä kann singe Schweiß nit rüche.	*Er ist stinkefaul.*
Die melatenblonde Hörcher stonn dich ävver jot.	*Du bist aber grau geworden.*
Och der Dom es nit an einem Dach jebaut wode.	*Gut Ding will Weile haben.*

Histörcher

Keine Bange, hier klingelt es jetzt nicht zum Geschichtsunterricht. Wir springen nur ein wenig durch die Jahrhunderte und halten an einigen Stellen, die bis heute die Stadt und ihre Menschen, die kölsche Lebensart und vor allem die kölsche Sprache beeinflussen. Lohnt sich wirklich, dieser Blick in den Rückspiegel. Echt jetzt!

Die Mutter der Stadt

Lange bevor am Rhein Kölsch „jeschwaad" (gesprochen) wurde, lebte am Fluss ein Haufen Germanen, die sich Ubier nannten. Das Fleckchen Erde, das sie besiedelten, war jedoch von Römern besetzt. Oppidum Ubiorum hieß es. Hier wurde um 15 n. Chr. ein Mädchen geboren, das Geschichte machen sollte: Agrippina, die Jüngere. Sie heiratete später den römischen Kaiser Claudius und quengelte so lange, bis er ihren unscheinbaren Geburtsort im rheinischen Niemandsland in den Stand einer offiziellen römischen Kolonie erhob – eben die Colonia Claudia Ara Agrippinensium (CCAA).
Im weiteren Verlauf ihres Lebens hatte Agrippina dann jede Menge Pech. Ihr Sohn war nämlich Nero, der psychopathische Typ, der Rom abfackelte. Doch diese irre Tat erlebte Agrippina nicht mehr, hatte Nero die Mutter doch schon ein paar Jahre zuvor „afjemurkst" (umgebracht). Unsterblichkeit hat sie dennoch erlangt. Eine besonders liebliche Reinkarnation der Agrippina kann jedes Jahr im „Fasteleer" (Karneval) bewundert werden: die Jungfrau

im „Dreigesteen“ (Dreigestirn). Die Figur der Stadtgründerin wird allerdings noch immer von einem „Kääl“ (Mann, Kerl) in Frauenklamotten gespielt. Weit her ist es nicht mit der Emanzipation im Karneval.

Die Schlacht bei Worringen

Köln und Düsseldorf. Zwei rivalisierende Geschwister, die – zumindest räumlich – nicht viel trennt, die sich jedoch im Laufe der Jahrhunderte oft in die Wolle bekamen. Bekannteste Keilerei: die Schlacht bei Worringen 1288. Da kämpften Truppen des Kölner Erzbischofs gegen Männer des Grafen von Berg, dem Stadtvater von Düsseldorf. Die Schlacht war das große Finale des Limburger Erbfolgestreites. Worum es da genau ging, hat der Autor nicht wirklich kapiert. Irgendetwas mit Thronfolge, Frauengeschichten, Geld und Macht – das Übliche eben. Ist aber auch nicht so wichtig. Was zählt: Der Erzbischof von Köln holte sich eine ziemlich blutige Nase und das Verhältnis der beiden Nachbarstädte sank auf einen historischen Tiefstand. Bis heute halten die Rangeleien an und haben vielen Facetten. Dabei geht es um so wichtige Fragen wie: Alt oder Kölsch? Alaaf oder Helau? FC oder Fortuna?

Schmitz Backes

Wie die „Röggelche“ (Roggenbrötchen) von Bäcker Schmitz geschmeckt haben, ist nicht überliefert. Das „Backes“ (Backhaus) am Ende der „Vringsstroß“ (Severinstraße), kurz vor der „Vringspooz“ (Severinstorburg), ist nicht wegen der Qualität seiner Backwaren bis heute in aller Munde, sondern wegen eines barbarischen mittelalterlichen Rituals. Damals mussten Straftäter einen Spießrutenlauf durch die Hauptstraße des südlichen Kölner Stadtteils absolvieren. Wer es bis Schmitz Backes schaffte, hatte das Gröbste überstanden.

C'est la vie oder wie das Leben spielt

Kölle hieß gut 20 Jahre lang Cologne. Erst von Napoleons Jungs besetzt, dann gar der Grande Nation einverleibt: eine richtig französische Stadt – mit allen Rechten und Pflichten. Neben tollen modernen und im Rheinland unbekannten Errungenschaften wie der Einrichtung eines Zentralfriedhofs, der Beleuchtung der Straßen und der Vergabe von Hausnummern hat vor allem die französische Sprache im Kölner Idiom Spuren hinterlassen. Die folgenden Vokabeln, um nur einige wenige Beispiele zu geben, lassen ihre Herkunft klar erkennen.

„Kundewitt"– frz. *conduite*: (gutes) Benehmen
„kötte"– frz. *queter*: betteln
„Dääz"– frz. *tête*: Kopf
„plümerant" – frz. *bleu mourant*: schwindelig, wörtlich übersetzt bedeutet es jedoch blass- oder sterbensblau
„malätzisch"– frz. *malaise*: kränkelnd
„schalu" – frz. *jaloux*: neidisch, eifersüchtig
„Scharschant" – frz. *sergeant*: Polizist

Und auch in der Aussprache hat sich ins Kölsch ein wenig Savoir-vivre eingeschlichen. So werden beispielsweise zwei Worte zu einem zusammengezogen, wenn ein Konsonant und ein Vokal aufeinandertreffen. Etwas, das im Französischen unter dem wunderbaren Namen „liaison" bekannt ist. Klingt kompliziert? Da können Beispiele helfen. Mein Freund will morgen zum FC, „ich ävver han ze donn und pack et nit." (ich aber habe zu tun und schaffe es nicht) – gesprochen: „ichävver" mit weichem, stimmhaften „ch" in der Mitte sowie „packet" mit stimmhaftem „g" dazwischen.

Der Münzwurf von Rotterdam

Das hier liest sich sicher wie eine Sage, eine Fabel irgendwas aus dem Reich der Märchen. So unrealistisch wie ein Nachmittag ohne Stau auf der Nord-Süd-Fahrt, ist aber kein „Quatschverzäll" (Unsinn), wirklich!

Es begab sich also zu der Zeit, als der 1. FC Köln noch nicht im Paternoster zwischen Bundesliga und zweiter Liga festsaß, sondern auf der Beletage des europäischen Fußballs mitmischte. Was in dem Fall schon etwas länger zurückliegt. Das Szenario: Ein regnerischer Abend im März 1965 in Rotterdam, Viertelfinale des Europapokals der Landesmeister, der Vorläufer der Champions League. Köln gegen den FC Liverpool. Nach zwei unentschiedenen Spielen musste nun die Entscheidung fallen. Nach 90 Minuten erneut unentschieden. Verlängerung auf schlammigem Boden. Kein Tor. Abpfiff.

Elfmeterschießen oder so neumodischen „Krom" (Kram) gab es damals nicht, also musste per Los entschieden werden, wer in die nächste Runde kommt. Maximaler

Hitchcock-Effekt! Der Schiedsrichter schnippt die zweifarbige Holzscheibe in die Luft, die eine gefühlte Ewigkeit zu schweben scheint, sich dann senkt, fällt und ... senkrecht im Schlamm stecken bleibt.
Ab hier hat die Geschichte einen klitzekleinen Schönheitsfehler – aus kölscher Sicht. Denn bei der Wiederholung des Wurfes zeigt die Scheibe rot, die Farbe von Liverpool. Zum „rammdösich wääde“ (verrückt werden)!

Chicago oder Kölle? Jo, watt dann?

*Wer „Köln“ sagt, denkt meist sofort an **„alaaf“** und **„fiere“** (feiern) ein. Aber auch die Stadt, die für viele nur aus Pappnasen und Karneval(svereinen) besteht, hat Abgründe und harte Zeiten erlebt. In den 1960er- und 1970er-Jahren des letzten Jahrhunderts war in Köln eine schillernde Unterwelt aktiv. Dass heute Teile dieser Szene, ihre Typen und Verbrechen verklärt und romantisiert werden, ist Teil der Kölner Mentalität. Die Protagonisten und Geschichten aus dem **„Miljö“** zeichnen sich jedoch durch eine derart kuriose Naivität und legendäre Verschrobenheit aus, die es wohl – wie so vieles – nur in dieser alten Stadt am Strom geben kann. Daher ist ein Blick hinein ins **„Chicago am Ring“** (Chicago am Rhein) durchaus lohnend. Und so ist man dann auch bestens vorbereitet, wenn eine der **„Miljö“**-Größen plötzlich an der Theke steht (siehe auch „der lange Tünn“, S. 139).*

Schäfers Nas und das verschwundene Kreuz

Heinrich Schäfer, einer der „Künninge“ (Könige) der kölschen Unterwelt, war eine in vielfacher Hinsicht beindruckende Erscheinung. Ein „Kääl wie ene Baum“ (Kerl wie ein Baum). Sein hervorstechendstes und namensgebendes Merkmal war sein markantes Riechorgan: „sing Knollenas“ (seine Knollennase). Viele harte und dunkle Geschichten ranken sich um „die Nas“, aber eine ist exemplarisch für die spezielle Ganovenehre im Kölner „Miljö“ (Milieu).

Kurz bevor Schäfer „de Fott zo jemaat hät“ (den Hintern zugemacht hat, derb für sterben), erwies er dem damaligen Domprobst Henrichs 1996 noch einen außergewöhnlichen Dienst. Der Kirchenmann trat an den Unterweltkönig heran, weil ein wertvolles Kreuz aus dem Kölner Dom geklaut worden war. Schäfer – selbst zwar ein ziemlich schwarzes Schaf – war entrüstet und gab sich moralisch: „Die Kirch bekläut mer net!“ (Die Kirche bestiehlt man nicht!). Obwohl er schon längst im Gauner-Ruhestand weilte, hatte er nach wie vor Einfluss und einen Namen in seinem ehemaligen Berufsstand. Er ließ seine Kontakte spielen und siehe da: Wenige Tage später lag das wertvolle Stück vor dem Hausboot der „Nas“. Persönlich gab er den „Fund“ beim verdutzten Domprobst ab. Den angebotenen Finderlohn wehrte der Mann, der in seinem Leben aus allem Geld gemacht hatte, rigoros ab: „Vum Dom nemmt mer net, däm Dom jitt mer nur.“ (Vom Dom nimmt man nichts, dem gibt man nur.)

Sightseeing op Kölsch

Dicke Pitter

Er hat den schönsten Arbeitsplatz der Stadt und muss nur wenige Tage im Jahr was tun. Ansonsten hängt er nur rum. „Dicke Pitter“ (dicker Peter) ist der kölsche Kosename für die rund 24 Tonnen schwere Petrusglocke, die größte Bimmel des Kölner Doms und bis vor Kurzem die größte frei schwingende Glocke der ganzen Welt. Nur an hohen kirchlichen Feiertagen gibt sie mit tiefem „C“ den Ton im Geläut an. Aber auch ohne großen Fleiß gibt's manchmal Verschleiß: Am Dreikönigstag 2011 verlor der Dicke Pitter mitten im Dienst seinen Klöppel. Die Bodenberührung des 600 kg (!) schweren Teils gab einen ordentlichen Rums. Im Glockenstuhl im Südturm des Doms ist der Dicke Pitter mit seinen Mitstreitern zu sehen – 291 beschwerliche Stufen über Grund.

Henkelmännche

Eigentlich ein besonders bei Handwerkern und Arbeitern beliebtes Küchenutensil zum Aufbewahren und Warmhalten der Mahlzeit für die Mittagspause. Heute aber, in Zeiten von Lieferservices und Drive-Ins, ist der „kleine Mann mit dem Henkel“ nicht mehr in Mode. Ein gewaltiges „Henkelmännche“ gibt's aber noch in der Stadt: die Lanxess Arena. Die größte deutsche Multifunktionshalle hat wegen des riesigen Stahlbogens über ihrem Dach, der an einen Henkel erinnert, diesen Spitznamen verpasst bekommen.

Klingelpütz

Der Klingelpütz war kein uriger kölscher Job im Mittelalter, niemand der Klingeln putzen musste. Vielmehr erinnert die gleichnamige Straße in der nördlichen Altstadt an einen gewissen Herrn „Clingelmann", der hier in grauer Vorzeit einen „Pütz" (Brunnen) besaß. Die Preußen legten auf dem Fleckchen Land ein großes Zuchthaus an. Schnell war ein Spitzname für die neue „Bleche Botz" (Gefängnis) gefunden. Mehr als 100 Jahre später war der Klingelpütz ständig überfüllt und nicht mehr up to date. Die Jungs aus dem „kölschen Miljö" werden seinen Abriss in den 1960er-Jahren wohl bedauert haben, war ein Ausbruch aus diesem Gefängnis inzwischen ein Kinderspiel. Bis heute ist in Köln das Wort Klingelpütz als Synonym für Gefängnis geläufig.

Kunibertspütz

Die Kinder bringt der Storch? Mag für den Rest der Republik stimmen, in Köln kommen sie aber der Sage nach aus einem tiefen „Pütz" (Brunnen) unter der romanischen Kirche St. Kunibert. Genauer gesagt: 17 Meter tief. Dort unten im Brunneschacht soll sich ein geradezu paradiesischer Ort befinden, an dem die ungeborenen Kölner „Pänz" (Kinder) spielen und von der Muttergottes mit süßem Brei gefüttert werden. Bevor es Hormonbehandlungen und so einen neumodischen Quatsch gab, setzten Kölner Frauen mit unerfülltem Kinderwunsch auf einen Schluck aus diesem Brunnen.

Melaten

Man höre und staune, nicht die Preußen brachten Ordnung nach Köln, die Franzosen waren ihnen einen Schritt voraus. Das französische Großreinemachen machte selbst vor den Toten keinen Halt „Met de Föß vöran durch de Hahnepooz“ (mit den Füßen voran durch die Hahnentorburg) ging’s nun vor die Tore Kölns zum Begräbnis auf dem neuen Zentralfriedhof: Melaten. Hört sich gar nicht gesund an, kommt ja auch von Französisch „malade“ (krank). Im Mittelalter hatten hier die Leprakranken gehaust. Nun sicherte sich die kölsche Haute Volée auf Melaten in erster Reihe ihre Bleibe für die Ewigkeit. Die Inschriften der protzigen Grabstätten an der „Millionenallee“ lesen sich wie ein Who’s Who der feinen Gesellschaft.

Platzjabbek un Kallendresser

Am Alter Markt geben zwei Figuren Rätsel auf. Hoch oben am Ratsturm streckt immer zur vollen Stunde der Platzjabbeck – eine bärtige Holzmaske – den Beobachtern die Zunge heraus und macht seinem Namen, eine Kombination aus „Platz“ für Alter Markt, dem kölschen Begriff „jappe“ (aufsperren) und Französisch „bec“ (Schnabel), alle Ehre. Schräg gegenüber präsentiert unter der Regenrinne („Kalle“) des Hauses Em Hanen der Kallendresser kess „sing bläcke Fott“ (sein blankes Hinterteil), um zu „dresse“, also fein ausgedrückt: „um sein großes Geschäft zu verrichten“. Sollen die beiden etwa die Haltung der Kölner gegenüber den Autoritäten im Rathaus verdeutlichen? Tatsächlich streiten sogar kluge Heimatforscher bis heute darüber.

Weckschnapp

Hört sich niedlich an, oder? Ist aber ziemlich brutal. Das gut erhaltene Türmchen an der Rheinfront diente im Mittelalter als Kerker, in dem die Gefangenen auf kreative und perfide Art das Zeitliche segneten: Essen wurde keines serviert. Knurrte der Magen immer lauter, sprangen die Delinquenten nach einem „Weck“, einem kleinen Stück Brot, das verführerisch an der Decke baumelte, um es sich zu „schnappen“. Doch just in diesem Moment öffnete sich unter ihren Füßen eine Falltür zu einem mit scharfen Messern gespickten Schacht. Damals soll praktischerweise direkt unter dem Turm der Rhein geflossen sein, der die gehackten Überreste wegspülte. Typisch Mittelalter!

Zint Märjensrepp

Ein merkwürdiger Wandschmuck ziert Kölns größte romanische Kirche St. Maria im Kapitol. Versteckt im südlichen Seitenschiff über einem Beichtstuhl hängen zwei riesige Knochen, größer als ein Mensch. Seit 1000 Jahren schon! Sehr wahrscheinlich gehörten sie einem im Rhein gestrandeten Wal, auch wenn einige Kölner fest und steif behaupten, es seien Saurierknochen. Jedenfalls ist es nicht „Zint Märjesnsrepp“, die Rippe der heiligen Maria. Ganz sicher nicht! Dann wäre die Mutter von Jesus doch ein wenig sehr groß geraten.

Quiz

Kannst du's mit den Kölschen?

1. *„Fisematente"* mag der Kölner nicht. Es ist ...

a) übertriebenes Getue.

b) eine unbeliebte Tante.

c) eine zu lang gegarte Ente.

2. Wenn der Kölner ein *„Lappührche"* macht, ...

a) knickt er eine Ecke in ein Buch.

b) geht er einer nicht gemeldeten Nebentätigkeit nach.

c) schwingt er den Putzlappen.

3. Wenn in Köln der *„Nubbel"* brennt, dann ...

a) ist Weihnachten.

b) steht Ostern vor der Tür.

c) endet der Karneval.

4. Wenn der Kölner Hunger auf *„Zizies"* hat, gibt es ...

a) Blutwurstbonbons.

b) gebratene Bratwurst.

c) eine kölsche Variante des griechischen Tzatziki.

5. Wer ein *„Fisternöll"* anstrebt, ...

a) sucht ein erotisches Abenteuer.

b) ist auf Streit aus.

c) möchte einen Tag blau machen.

6. Wenn eine Frau einen *„Parkeva"* zu Hause hat, ...

a) besitzt sie eine eigene Garage.

b) ist ihr Mann untreu.

c) hat sie einen Gärtner.

7. Der *„Poppekopp"* ist ...

a) eine Bezeichnung für einen Puppenspieler.

b) eine Beleidigung.

c) ein großer Kessel.

8. Was versteht man unter *„Borebahnhoff"*?

a) Eine Dorfdisco im Umland.

b) Der Großmarkt im Kölner Süden.

c) Ein ausladendes Gesäß.

9. Wer „*Flitsch*" spielt, …

a) macht Musik auf einer Mandoline.

b) beherrscht eine spezielle Springseilakrobatik.

c) frönt dem typischsten Kölner Kartenspiel.

10. Wer sind in Köln die „*Literaten*"?

a) Mitglieder eines Lesezirkels für kölsche Gedichte.

b) Mitarbeiter einer Brauerei.

c) Programmgestalter im Karneval.

Lösung: 1a, 2b, 3c, 4b, 5a, 6b, 7b, 8c, 9a, 10c.